高情商职场口才课

魅力口才，张口就来

李真顺 著

扫码点目录看视频

四川人民出版社

图书在版编目(CIP)数据

高情商职场口才课：魅力口才,张口就来／李真顺著.—成都：四川人民出版社,2019.10
ISBN 978-7-220-11608-7

Ⅰ.①高… Ⅱ.①李… Ⅲ.①口才学－通俗读物 Ⅳ.①H019-49

中国版本图书馆 CIP 数据核字(2019)第 191155 号

GAO QINGSHANG ZHICHANG KOUCAI KE MEILI KOUCAI ZHANGKOU JIULAI

高情商职场口才课：魅力口才,张口就来
李真顺／著

出 版 人	黄立新
责任编辑	李沁阳　冯 珺
技术设计	松　雪
封面设计	松　雪
责任印制	李　剑
出版发行	四川人民出版社(成都市槐树街2号)
网　　址	http://www.scpph.com
E-mail	scrmcbs@sina.com
新浪微博	@四川人民出版社
微信公众号	四川人民出版社
发行部业务电话	(028)86259624　86259454
防盗版举报电话	(028)86259624
印　　刷	三河市众誉天成印务有限公司
成品尺寸	143mm×208mm
印　　张	6
字　　数	116千
版　　次	2019年10月第1版
印　　次	2019年10月第1次
书　　号	ISBN 978-7-220-11608-7
定　　价	36.00元

■版权所有·侵权必究

本书若出现印装质量问题,请与我社发行部联系调换
电话:(028)86259454

前言
Preface

好口才，人人爱。如何练就好口才？古往今来，方法多多，做法各异。本书分享的主题是——练口才按数序来，以数字的序列告诉你，一二三四五如何，六七八九十怎样，让人耳目一新，易学、易记、易实施。听话照做，天地广阔！

当今社会，地球在缩小，舌头在延长，是人才的不见得有口才，有口才的大多数是人才。舌头就是一把利剑，从一定程度上讲，演说比打仗更具威力。美好、成功、幸福的人生，从良好的沟通能力开始。

能侃并不等于口才，真正的口才不是胡吹乱侃，不是东一榔头，西一棒槌。真正的口才是有思想在闪光，有真知灼见在流淌。一个只说不干的人叫嘴把式；只干不说的人叫傻把式；既会干又会说，干得好又说得好的才叫真把式、好把式。

公务员要述职，销售人员要推销自己的产品，处处需要良好的表达。随着政务公开、信息公开，国家许多部门都建立了新闻发言人制度。不管是谁，走到哪里，能不能把你代表的那个团队遇到的问题很好地表达出来，将自己作为一个窗口，跟媒体、大众很好地交流，争取大众的理解，特别重要。

当今世界，最值钱的是人才。怎样才算是人才，起码从一定角度讲，口才就很重要。干得好也要说得好。一直以来，我们强调行胜于言，少说多干。但在全球一体化的今天，处处需要良好的表达，要跟别人多沟通，才能表达自己的诉求，从而获得更多机会。

从个人与团队的关系来看，只有完美的团队，没有完美的个人。要建立好自己的团队，才能更有生产力。我们来看"团队"二字。"团"是一个"口"、一个"才"，"队"是一个"耳朵"（阝）一个"人"。因此，团队也可以解释为，团队领导者是一个有口才的人，面对一帮有耳朵的人讲话，这就叫团队建设。因此，作为团队的领导者，要想带动自己的团队发展，就要把你对这个团队的构想，说给团队里的每一个成员听，让他们觉得跟着你有奔头、有甜头、有前途。因此，团队管理需要良好的表达。

前言
Preface

从一定程度上看，成功与口才也有着密切的关系，各位如果想要发财，先要有一个发财的样子，拿出像弥勒佛的那种感觉。平等的心、喜悦的像，才能引来成功，天天愁眉苦脸，一副倒霉的样子，谁愿意跟你打交道！因此，大家要展开眉头，把话说出来，多与别人沟通交流，才会越来越好，越来越棒。

曾经有一本名为《吸引力法则》的畅销书，这本书告诉我们：每个人都是一个功率强大的发射机，你发射出什么样的信号，别人就回馈给你相同的信号。因此，要想更好，从今天开始调整自己的表情；要想打理事情，先改变心情。要想口才更好，就要多与别人沟通交流。

我一直在全国各地来回讲"成功与口才密切相关"这样一堂课。我在讲语言艺术时，听众朋友很多都上了一定年龄，也有很多是成功的人士。但他们还愿意把自己的子女叫到课堂上来学习语言艺术，锻炼自己的口才，让自己说话更有魅力。这说明，口才锻炼已经被越来越多的人所重视。

现在很多大学生都抱怨，自己毕业之后找的工作薪水很低。你如果只有那点知识，只拥有一纸文凭，不善于表达自己，当然就很难找到高薪的工作。今天很多不善于表达的本科生、硕士生，甚至是博士生，一再降低自己的薪酬，有时候还谋不到一个满意的职位。因此，就特别需要锻炼自己的口才，提升表达能力。

人，一撇一捺叫"人"，一人为人，两人为从，三人为众。这个社会，不管你做什么样的工作，都要与人打交道。无论科技如何发展，无论到任何一个国家，做任何工作，都要跟人打交道。而与人打交道就要发出信息，要沟通，把我们的想法告诉别人，这些特别重要。

语言伴随着我们的一生，一个人表达能力的好坏已经成为成功与否的关键因素之一。成功的人不一定有口才，但有口才的人更容易获得成功。随着人际交流越来越密切，一个人闷头做事、木讷寡言就能成功的故事离我们渐渐远去。现在，我们每一个人都需要提升自己的表达能力，让我们的口才变得更好，这样才能离成功更近。

本书是我多年的学习心得和教学经验总结创作

前言
Preface

而成,语言深入浅出,演说平易近人,目标直抵人心。我是中国第一位持证演说家、中国名人演说家协会副主席、卫视网播音指导、语言教学专家、普通话水平测试"一级甲等"。主题演说"走向成功"系列课程巡讲全国,听众不计其数。媒体称:真顺演说,如狂飙呼啸,撼人心魄!我所开展的公众演说与口才训练,更是以我多年的演讲经验为基础,扎实的专业功底为依托,举手投足铿锵有力,言谈话语循循善诱,各界学员评价甚高。许多学习者通过实践和练习,提高了表达能力,在与人沟通的过程中变得更加自信。

通过学习本书内容,你不但可以领略著名演说家多年实践练就的演说魅力,通过独特的训练方法改变木讷、紧张、腼腆的形象,纠正浓重的口音,提升公众演说能力,还能在各种社交场合游刃有余,在会议上条理清晰、流畅地发言,在求职面试中脱颖而出,最终提升自信,重塑自我,赢得新生。

学吧,做吧,让我们一起练就好口才!

目录
Contents

扫码点目录看视频

自测

PART 01 一心一意练口才：持之以恒

一、提出问题，铭记初心 | 003

二、成功案例，激励自己 | 005

三、我能你也能：练习二三事 | 009

PART 02 二条金律记心怀：言之有序

一、昨天、今天、明天 | 014

二、祝贺、感谢、希望 | 017

001

高情商职场口才课：
魅力口才，张口就来

PART 03 三大环节强有力：逻辑有力

一、游戏导入：拍七游戏出节目 | 024

二、遇到尴尬时如何消除窘态 | 026

三、层层剥笋深入法 | 030

PART 04 四种思路莫忘记：思维畅达

一、逆向倒转思维法 | 038

二、追本溯源思维法 | 040

三、纵横交错思维法 | 044

四、攻其一点思维法 | 048

目录
Contents

PART 05 五项修炼身心灵：身心健康

一、微笑 | 056

二、热情 | 057

三、激情 | 057

四、才情 | 058

五、人情 | 060

PART 06 六套法则益无穷：头脑灵光

一、看图展思维 | 067

二、择语活思维 | 073

三、对子练思维 | 079

四、描摹放思维 | 080

五、联想动思维 | 082

六、记忆促思维 | 084

PART 07 七个步骤出华章：出口成章

一、发声原理 | 090

二、叹气实验——体会掷地有声 | 092

三、练气方法——深呼吸 | 094

四、练声方法 | 098

五、练吐字法 | 101

六、绕口令 | 102

七、朗读式训练法 | 107

目录
Contents

PART 08 八面来风神飞扬：魅力绽放

一、态势语训练 | 114

二、演说心理训练 | 128

三、演讲魅力训练 | 129

四、"U"母音哼歌 | 133

五、讲故事 | 134

六、活舌操 | 139

七、举手之劳好方法 | 142

八、让你的演讲兴奋起来 | 144

PART 09 九点体会是方向：有章可循

一、如何开头 | 152

二、如何结尾 | 156

三、如何写稿 | 157

四、如何提高文采 | 159

五、如何消除恐惧 | 163

六、如何面对质疑 | 166

七、如何展现自信 | 168

八、如何学好普通话 | 170

九、如何推销自己 | 171

后记

自测
Self-assessment

有人从小就会说话,爱表达,于是这类人的口才是天赋;也有人天生木讷,唇齿不清,通过后天的练习成为著名演说家。无论怎样,如果我们想要提高自己的演说能力和表达能力,就需要了解自己的基础,认识自己的能力,进而采取有针对性的训练计划和方法,才能事半功倍,实现快速提高表达能力的目标。

这份测试从意愿、呼吸、毅力等几个方面考察我们是否愿意努力学习和坚持口才、表达相关的训练和计划。

请根据以下的内容来检测你的口才,选择你的得分。

自检项目	得分
1. 自我提示:每天清晨起来,对自己说:我的口才越来越好,我一定行,我是最棒的,今天是幸福快乐的一天。默念10—20遍。	□5 □4 □3 □2 □1
2. 想象自己:在公众面前侃侃而谈,别人听得如痴如醉。	□5 □4 □3 □2 □1

续表1

自检项目	得分
3. 在镜子面前保持笑脸，把自信写在脸上，端正自己的形象，然后自言自语。	□5 □4 □3 □2 □1
4. 做5分钟的叹气训练。	□5 □4 □3 □2 □1
5. 做5分钟的深呼吸训练。	□5 □4 □3 □2 □1
6. 做5分钟的练声训练。	□5 □4 □3 □2 □1
7. 做5分钟的练吐训练。	□5 □4 □3 □2 □1
8. 每天练10分钟的绕口令。	□5 □4 □3 □2 □1
9. 每天大声朗诵文章或大声讲话至少5分钟，同时加以手势、动作。	□5 □4 □3 □2 □1
10. 培养自我推销的能力，走到哪里都大大方方地自我介绍。	□5 □4 □3 □2 □1
11. 每天给亲人、同事至少讲一个故事或完整叙述一件事情。	□5 □4 □3 □2 □1
12. 每天用"U"母音哼歌。	□5 □4 □3 □2 □1
13. 每天做10分钟活舌操。	□5 □4 □3 □2 □1
14. 每天练习狗喘气5分钟。	□5 □4 □3 □2 □1
15. 每天坚持揉手心、烫脚、举头45度或做广播体操、慢跑等运动。	□5 □4 □3 □2 □1
16. 每天动笔写点东西。	□5 □4 □3 □2 □1
17. 每天做成语接龙或看一些图展思维或做单字联想训练。	□5 □4 □3 □2 □1

自测

Self-assessment

续表2

自检项目	得分
18. 培养微笑的习惯，要笑得灿烂、笑得真诚，锻炼亲和力。	□5 □4 □3 □2 □1
19. 每天给自己松松绑，不要陷在鸡毛蒜皮的事里，天天过得愁眉苦脸。	□5 □4 □3 □2 □1
20. 训练接受他人的视线、目光，培养自信和观察能力，对人热情。	□5 □4 □3 □2 □1

这些训练的目的是让你能够通过这些方法极大提升公众演说能力，让你在有限的时间和空间里说服更多的人。

这个自测评分没有绝对客观的标准与界限，更多的是与你自己的满意度有关，如果在项目自检中对自己很满意就给自己打5分，依此类推，十分不满意就打1分。如果你能做到80分以上，说明你是一个有志于提高口才的人，坚持按照以上方法去训练，持之以恒，你一定能极大提高你的表达能力。

如果你的分数在60—80分之间，说明你确实也经过一定的努力，你极力想摆脱目前的状况，或者想提高你的表达能力或演说能力,你已经付出了一定的行动,但显然做得还不够,做事一定要坚持到底。只有全力以赴、一心一意的人才能离成功越来越近。所以,希望你再接再厉,目标已经离你不远了。

如果你的分数在60分以下,那你可要加把劲了,做事不能三天打鱼,两天晒网。要坚持不懈,付出全身心的努力,有强烈的愿望和高度的自觉性、自信心,你才有可能获得成功,否则你将白白虚度大好光阴。

PART

01

一心一意练口才：
持之以恒

扫码点目录看视频

要训练好口才,需要一种破釜沉舟的悲壮,还要有磨杵成针的坚持:

豁出去了,反正死不了!

只有完美的练习,才能有完美的结果。

今天放下面子,明天才能更有面子!

开口,开口,再开口!

实践,实践,再实践。练!练!练!

看某日的新闻联播在报道青岛某港口的吊车司机在进行技术比武,比武内容是吊酒瓶子,只见吊车的大铁臂哐啷一响,酒瓶子从A点到B点,非常精准。能做到这种程度,都是他们千千万万次练出来的。因此,任何人都要做功课。一提到功课,不少人总觉得只有在上学的时候才做功课,其实不是。市长有市长的功课,局长有局长的功课,老总有老总的功课,司机有司机的功课,每个人都要做功课,每个人都要多锻炼自己的能力。干任何事情,都要一心一意,不要东一榔头,西一棒槌,要懂得选择正确的点位,坚持不懈地挖出一口深井,这样才会流出甘甜的井水。同理,做事情也要坚持不懈才能获得一定的成果。

PART 01 一心一意练口才：持之以恒

一、提出问题，铭记初心

有一句话叫："不忘初心，砥砺前行。"只有时刻铭记自己的初心，才能在充满坎坷的道路上坚持下去。培养口才也是如此，不是谁都能坚持下来的。所以，在踏上这条路之前，请你一定要想清楚这些问题，给自己明确的答案和前行的理由。这就是你的初心。

1. 你的口才好吗？

一般被问到这句话时，很多中国人都会说："不好。"口才不好是你自己说的。根据前面所谈到的吸引力法则，要想口才好，从今天开始，不要说自己口才不好，而要先肯定自己还不错，要让自己感觉更好一些，以后还想要更好。所以，当别人问你："口才好吗？"你就说："好，我会越来越好。"当我们强烈地建立起这样的信念，不仅是自己，别人也会相信你的口才会越来越好。

2. 你最擅长的事情是什么?

每个人都有自己最擅长的事情,比如:我是司机,我的驾驶技术是一流的;我是董事长,我把我自己的企业打理得还不错,明年准备上市。再比如有的人打字很快,有的人炒菜不错,每个人都有自己特定的、相对擅长的一些领域。你最擅长的事情,你知道用了多长时间才做到的吗?有的人用三五年,有的人用几十年,才具备了今天的技能。

在口才方面,我是无比的喜欢,我从小就喜欢表达,40年来一直如此。我们所擅长的事情,用了很多的工夫才获得。但在口才方面,我们用过多少工夫呢?没用过多少工夫。长期以来,我们没有在这方面去更好地锻炼。但如果你想要提高口才,就要从今天开始,从此时此刻开始,在口才方面建立印象,获得方法,通过长期的练习,你的口才肯定越来越好。

3. 你真的想提高口才吗?

我们很多人也意识到自己因为口才表达不够好,或者是其他某些方面有所欠妥,损失了很多机会。因此想来学习口才，提高口才。而要想提高口才能力，每个人都要有强烈的愿望。

"选准方向，找对办法，坚持到底。"这是获得口才的12字诀。这12个字在练习口才方面起着很大的作用，对人生的一些领域也会起一定的作用。干任何事情，要想成功，就要选准方向，方向正确了，之后要找对办法，最后坚持到底，这是成功的不二法门。

因此，我们要把这12字诀刻在心里，不管你现在从事什么工作，这12字诀都对你有影响，这是方向性的、纲领性的东西。做任何事情都不外乎这些，因此我们今天归纳起来就是练好口才要选准方向。

二、成功案例，激励自己

"既然选择了远方，便只顾风雨兼程。"每一种能力的学习和提高都不是一蹴而就，面对困难，既要有坚定的信心，还要学会自我激励，用榜样的力量为自己加油打气。历史上，许多名人要么从小缺乏表达的勇气，要么有先天的不足，但他们都克服了这些障碍，通过口才改变了自己的人生，超越了自我。

1. 林肯

林肯是美国历史上最伟大的总统之一,林肯年轻的时候经常徒步30英里,去聆听法庭律师的辩论,看律师怎么举手投足,他也在底下模仿学习。看到律师声震长空、挥舞手臂,他也在那里锻炼。他随时随地都在练习,在返回的路上,对着玉米地,对着树桩,对着树林,就开始演练,自说自话。这些锻炼使他后来成为优秀的律师,并拥有出色的表达能力。

2. 田中角荣

日本前首相田中角荣小的时候因生病落下口吃的后遗症,为了纠正口吃,提高口才,他每天照着镜子,看自己的舌根,听发音准不准确,他还经常大声朗诵,不断地纠正自己唇齿舌的配合,一个字一个字,一个词一个词不断地锻炼。后来,他终于成为雄辩家。试想,口吃患者都可以成为雄辩家,普通人更不在话下。当然,这都是锻炼得来的。

持之以恒练口才

▲ 持之以恒　伟大人物的口才绝不是与生俱来的，也是需要持续不断地刻苦学习和模仿练习才能获得的。

▲ 勤能补拙　通过坚持不懈地锻炼，相信你也可以成为伟大的雄辩家！

3. 萧楚女

老一辈无产阶级革命家、演讲家萧楚女,他年轻的时候曾经在重庆教学,他每天早上拿着一面镜子,在他们学校的后山上,把镜子挂在树杈上,然后对着镜子调整自己的形象,备课。有时候有脱漏的地方,他就马上翻教材,再重新熟悉,把这一块补上,然后再继续照着镜子练。这样就锤炼出了很好的感觉,如此肯下功夫的老师不可能不受学生的欢迎。后来他在广州农民运动讲习所里当教员,他的演讲鼓舞了很多人,至今还备受推崇。

4. 华罗庚

伟大的数学家华罗庚,从小就爱好背诵唐诗,不断地往脑子里装东西,不断地去锤炼口才。他从小就学习普通话,不单单在数学方面非常优秀,也是很好的演讲家。因为具备好口才,所以他到哪里去做报告,或是去分享数学理论,效果就会很好。

华罗庚在总结自己口才训练体会的时候,说了这样一句话:"勤能补拙是良训,一分辛苦一分才。"

要想提高口才,要想提高能力,就要付出勤劳,苦练自己。

三、我能你也能:练习二三事

如果说我在演讲与口才领域取得了一点成绩的话,我要归因于我对演讲和口才的痴迷和热爱。我将之视为我的人生追求,并为之而努力。这就是我的事业、我的生活,我将生活当作我演讲的素材源泉,也从生活中汲取灵感。只有把培养口才融入自己的生活,你才会发现,你的表达和演说能力在快速地提高。

下面就是我的练习心得和经历,希望能给你启发。

1. 聚焦、明确、单一

我们做任何事情要懂得聚焦,集中精力很重要。以太阳和激光为例,太阳每秒向外辐射几万亿亿兆瓦的能量,而激光只有几千瓦的能量,但是激光可以切割钻石而太阳却不行,这就是因为激光的焦点集中,能量集中。因此,不要指望什么都去做。比如说练口才，不要指望在一天时间里就能练好口才。在平常的日子里，只要一天拿出10分钟、20分钟，锻炼口才，全心全意聚焦，天长日久，必定能练就三寸不烂之舌。

因此，要有明确的方向，不要四处都去努力，不要为了喝杯牛奶就养头奶牛，要懂得聚焦和明确目标，做自己擅长的事情。人生有很多要做的事情，但是一定要注意在单位时间里专注于一件事，把这件事做好。

2. 强烈的渴望

要想改变，必须有强烈的渴望。做任何事情，只有温和的愿望是不可以的，强烈的渴望才能实现。比如我每天早上6点半就起床练口才，不是刻苦而是习惯成自然，乐此不疲。

归根结底，我们现在得出一个结论："热爱是最好的老师，人不疯难成功，痴迷制胜。"干什么事情达不到痴迷的程度，是不可能有所成就的。我的口才就是这么锻炼出来的。一心一意练口才，沟通到位成功来。

  我们每天拿出5分钟、10分钟或半个小时,一天当中有专门的时间用来学习这方面的知识,复习巩固实践这方面的知识,一定会练就一副铁齿铜牙。

PART

02

二条金律记心怀：
言之有序

无论是在生活中还是在工作中，我们经常会有即席发言的机会。在遇到这种情况时，有的时候扭扭捏捏、推三阻四，往往导致热烈的气氛变得尴尬；有的时候仓促上阵，说话语无伦次，不知所云，会让自己不善言谈的缺点暴露无遗。其实，只要略懂演说方法，学习一点内容结构和顺序的技巧，就能从容应对。

一、昨天、今天、明天

小品《昨天、今天、明天》中有一句台词："昨天在家准备了一宿，今天上这来了，明天回去。"很多人将之作为笑谈，其实"昨天、今天、明天"是公开演说中常用的一种逻辑结构和表达技巧。

人活三天，就是昨天、今天和明天。昨天已成过去，今天才是能抓得住的，明天尚未到来，因此不要为了昨天的失去而叹息，也不要为了明天的无助而忧虑，要抓住每一个今天去努力。活在当下，活好当下，人生就会诞生奇迹。

把每一个现在过好，这个星期就不错，这个月就会好，这一辈子就会更好。每个时候把眼下的时间过

PART 02 二条金律记心怀：言之有序

得充实有效特别重要。

案例1

刘大妈参观卫星城

刘大妈是全国拥军模范。有一次，国家有关部门组织全国拥军模范参观卫星发射中心，刘大妈应邀前往，走之前她给我打电话，说："真顺，如果人家让我发言，我该怎么说？"我就临时告诉她一个办法，我说："大妈，您就讲昨天、今天、明天。"她说："这个不错，是不是上台以后就说'大家好，昨天、今天、明天，谢谢'？"我告诉她应该谈她昨天对航天这个事怎么认识，今天参观以后有什么新的感知，她认为明天会怎么样。

在电视台直播的时候，我们看到这样一个场面，刘大妈说："大家好，我以前对航天这个事了解不多，就是看新闻联播的时候，看到一按电钮就上天了。接下来就看到屏幕上那个波纹像心电图一样，后来就听到报告正确入轨了，再后来就是全国人民特高兴。我想这是好事，那咱多弄几回呗。今天参观以后，觉得

> 这个事太不容易了,看那个架子那么高,(旁边有人提示:大妈,是发射架。她说对。)发射架那么高,再看我们在座的这些朋友们,这些科学家们,这些技术人员,你们的镜片越来越厚,显微镜越来越大,每个人都不容易。我是全国的拥军模范,每到'八一'建军节的时候,就送给人民子弟兵每人一件背心,在这里我也答应在座的各位,我也送大家一件背心。"

她说话很符合自己的角色,那天说这话更有意义,因为那天是"八一"建军节。一说完,当时场上立刻响起雷鸣般的掌声。接着她又说:"我有一个侄女,在北京航空航天大学读书。那个学校特别好,人特别多,这些同学他们是本硕(旁边有人提示本硕连读)连读,这些孩子们读完以后,来到这个队伍里面,我们不愁人才,我就想以后我们的航天事业一定会超过美国、超过德国(把自己脑子里知道的国家的名字数一遍)、超过意大利(然后实在没词了),超过所有国。"

大家听得断断续续,但是整个连起来,感觉这段

PART 02 二条金律记心怀：言之有序

话非常有层次，每一层就是一个环，三个环套成了一个链条。"昨天、今天、明天"这样讲话，对任何事情都适用。昨天怎么样，昨天怎么看待这件事，或者怎么认识这个人的，你觉得是怎么回事。今天认识之后又有什么新认识，你觉得以后我们会怎么样。这是一条金律，刻在脑子里，以后在任何场合，在遇到突如其来的问题时，你立即按照这个去说，会收到不一样的效果。

二、祝贺、感谢、希望

"祝贺、感谢、希望"这样三个词语，可以形成一个最常见的讲话方式。小到家庭，大到国际会议，都可以用这样的方式去说话。比如现在企业家众多，他们到集团去讲话的时候，"祝贺、感谢、希望"就是一个很好的发言方式。

高情商职场口才课:
魅力口才,张口就来

案例1

集团老总讲话

比如:"祝贺在座的各位取得这样显著的成绩,感谢各位的付出,希望大家注意身体,不要把自己搞垮了,今天亚健康的人很多,希望各位从今以后能够劳逸结合,在健康的前提下把工作做得更好,这是我们企业所期待的。"就讲这么几句,感觉就不一样。

案例2

小到家庭

小到家庭,也可以这么说。比如说儿子结婚,给孩子讲话,也可以用到祝贺、感谢、希望这种方式。"儿子,今天是你大喜的日子,爸爸很高兴,请允许爸爸向你表示祝贺,祝你新婚快乐!感谢你这么多年对我的

言之有序，讲话金律记心怀

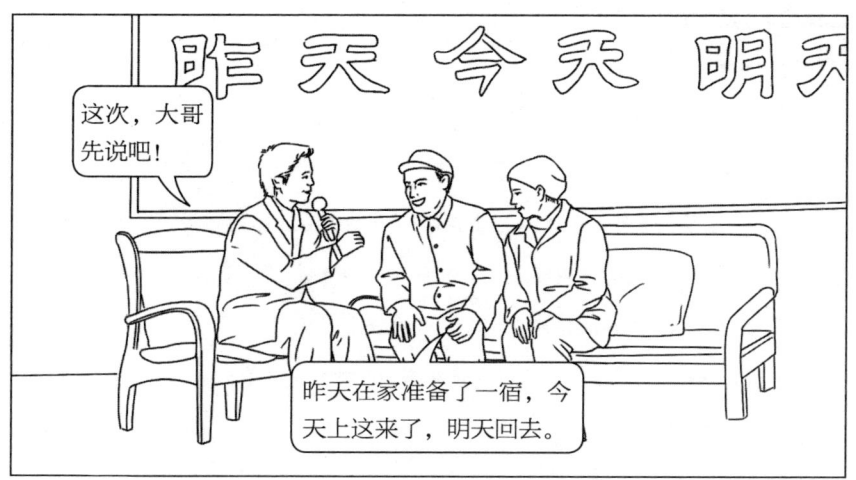

▲ "昨天、今天、明天"是公开演说中常用的一种逻辑结构和表达技巧，活在当下，人生就会产生奇迹。

▲ "祝贺、感谢、希望"这个讲话链条，小到家庭，大到集团老总讲话都可以用这样的方法来说话。

理解,这么多年爸爸在全国各地演讲,但是你的学习从来没有让爸爸操过心,谢谢你!结婚意味着责任,外面的世界很精彩,但是永远记住你要对小芳负责,以后多沟通,希望你们过得幸福,今天不多谈了,咱爷俩为特别的日子干一杯。"这样一个讲话,父子间的亲情和关爱立即体现出来。

案例3

大到国际会议

大到国际会议,假如你与世界粮农组织主席谈话,也可以用这样的方式:"尊敬的大会主席,我代表中国人民向贵组织取得如此巨大的成就表示祝贺。在当今时代,解决饥饿是一个非常重要而艰巨的问题,世界粮农组织发挥了巨大的作用。我希望我们携起手来,团结起来,我们有责任、有义务共同消灭贫穷与饥饿,把这个世界建设得更加美好。"一举杯,Cheers,马

PART 02
二条金律记心怀：言之有序

上会不一样。

总之，这两条金律，放之四海皆准。在一定的场景中，你套用这两条金律，别人立刻能感觉到你说话比较有水平。

PART

03

三大环节强有力：
逻辑有力

在工作当中,还可以总结出更好的三段式的讲话方法。讲话的三个环节,可以确保你的语言符合逻辑。在与别人进行交流时,逻辑关系是非常重要的。

是什么？为什么？怎么办？以这种方式进行发言。比如在别人面前发言时,一般人可能会很紧张,所以要想好开头怎么说,然后怎么说,最后怎么说。一开始发言的顺序回答是什么,首先介绍我是谁,第二个回答为什么,第三个讲怎么办。

一、游戏导入：拍七游戏出节目

有一次我们在一个地方上课,上课期间我们玩一个叫作拍七的游戏。1、2、3、4、5、6,到7的时候大家不说出来,而是拍手；8、9、10、11、12、13,7和7的倍数都拍出来,不要说出来。这样玩,锻炼的是随机应变的能力。我们事先有规定,谁输了谁来出节目。结果有一个大哥输了以后,他来到台上,在那里手足无措。我就告诉他,不妨用"是什么、为什么、怎么办"这样一个发言方式,但他还是紧张。我告诉他可以用我的名字来举例。他沉默了一下说："大家好,我是李

PART 03 三大环节强有力：逻辑有力

真顺,刚才在拍七的时候没有拍好,愿赌服输,我给大家表演一个节目,我为大家唱首歌吧。泥巴裹满裤腿,汗水湿透衣背……"虽然歌词唱错了,但也算大大方方地表现了。

还有一个朋友,他表现得大大方方。是什么、为什么、怎么办,他运用得简直是炉火纯青。他是这么说的:"大家好,我是×××,刚才成语接龙没接好,我给大家表演一个节目,这里是清华大学,都是短训班学员,藏龙卧虎。在座的朋友,刚才有的人唱歌唱得不错,跳舞跳得也不错,我这个人既不会唱,也不会跳,但既然输了还是要给大家表演节目,那我就给大家学个狗叫,准备要学了,汪汪,好,谢谢大家。没有你们表演得好,见谅,谢谢。"

在生活、工作当中,有些尴尬不是别人给的,是自己能力不够造成的。不是同事有谁跟你过不去,而是我们自己不行。当我们自己能力不够的时候,往往是说者无心,听者有意。动不动自己就对号入座,以为别人在说自己,但其实不是。因此,要使自己能够吃得起亏,能够开得起玩笑,会开玩笑,保持一种积极乐观的心态。是什么，为什么，怎么办，这样一个讲话方式在我们遇到需要自己发言的情况时，可以让自己不至于这么尴尬。

二、遇到尴尬时如何消除窘态

我是王家岗人，现在经常在北大、清华、人大、党校，讲领导者语言艺术，围绕口才锻炼开展一系列课程，并在全国各地巡回讲课。应该说还是经过很多锤炼的，只是今天媒体把我看得特别重。媒体有一个特点就是喜欢追本溯源，他们想知道今天讲语言艺术、讲魅力口才的人，以前有什么特点。挖掘来挖掘去，知道李真顺是农民的儿子，来自小山沟，于是媒体就带着疑问，前去王家岗进行采访。

我曾跟着一个电视台回到老家，听到他们问乡亲们的第一个问题是："认识真顺吗？"第二个问题是："真顺小时候有什么特点，怎么就成了今天这样一个人？"我跟着电视台去，人家问乡亲们这些问题的时候，我也不好跟着，于是我老远就回避，远远地看着。

电视台在开展工作时，玉米地里走出一个大妈，

PART 03 三大环节强有力：逻辑有力

挎着篮子，摘豆角刚走出来，女记者立即走上前说："大妈，您好。"给大妈吓一跳。"大妈，您别紧张，我是电视台的，问您一个事。大妈，您认识真顺吗？"老太太听到我的名字以后，觉得特别亲，就听明白了。她立即回答："真顺啊，认识认识，那是咱们这儿的骄傲，我们都认识。"我在老远听到这样的回答，觉得这话大妈回答得好。第二个问题记者这么问："大妈，再请教一下，真顺小时候有什么特点？"这个大妈更直接："有特点，有特点，爱尿炕。"这叫什么特点，我听完这话就走了，不听了！这个电视台在我们村里走了很多地方，问了很多乡亲，得出同样的结论。

返回北京的路上，我郁闷至极，爱尿炕这个特点不利于塑造人物。结果没想到电视台的这个编导情商特别高，才情特别好，把采访得来的第一手资料写进了解说词里面，搞了一个专题片，叫"小窑洞走出的大演说家"。内容是我出生在一个小窑洞里面，是小窑洞走出的大演说家，我自己看到后都觉得不好意思，后来才知道名人是这么出来的。这个片子播出以后，引起了很大反响。这个专题片里有这样一段解说：

"小时候的李真顺有两大特点,一是爱哭,二是爱尿炕。他的爱哭使他练就了一副好嗓子;他尿炕,十几岁了还尿炕,练就了他那份从容。"

尽管我经过这么多锤炼,但有时候遇到突发事件我依然还会有一丝紧张和尴尬。因此,在练口才方面,确确实实需要我们放下面子,这样明天才会更有面子。一切大大方方,一次次练出来。台上一分钟,台下十年功。任何人都要锤炼,实践才出真知。

有一次我在上海演讲,有一个听众问:"李老师,请教一下那个。"我说不要吞吞吐吐,说出你的问题。"那李老师,您现在还尿炕吗?"就是什么样的问题都会被问到。我说:"谢谢,有时候也尿。"台上特别锻炼人,因为什么问题都有可能跟你提出来,而且底下有多少个人,就有多少双挑剔的眼睛。我们都知道,学习的最佳心态是空杯心态,但是我们在有一些阅历之后,很难腾空自己。上课之初,每个人都是在底下当评委的,看那个老师行不行,开会的时候看那个领导行不行。

因此,以后到哪里去,干什么就是干什么的,既来之则安之。即使台上讲得不精彩,你也要从不精彩处

有逻辑，说话才有力量

▲ 是什么？为什么？怎么办？这样一个发言方式，可以确保你的语言逻辑力，消除讲话时的紧张心理，首先介绍我是谁，第二个回答为什么，第三个讲怎么办。

▲ 生活、工作中的尴尬不是别人给的，是自己的能力不够造成的，要锤炼自己能够吃亏，开得起玩笑，会开玩笑，豁得出去，才可以逢凶化吉，消除窘态。

读出精彩，才是自己的精彩。总之，我们要一心一意练口才，一心一意找到一些好办法，经常去练，用到自己的实践当中。

三、层层剥笋深入法

我想可能不少南方同学有去过农村或者在农村生活的经历，在此期间可能也去竹林玩耍过，那么一定知道笋在长成竹子之前，是有多层外皮包裹的，剥笋时需要一层层地剥开，才能剥到所需要的笋心。所谓层层剥笋，就是在演讲的过程中紧扣主题，从一点切入，由小至大，由远至近，由浅到深，由轻到重，逐层展开，直至揭示问题的本质。恰当地运用层层剥笋术，可使我们的论证一步比一步深化，增强我们语言的说服力。下面这两个例子就是运用这种技巧的典范，从中可以看出论述层次清楚，逻辑有力。

有一天，孟子觉得齐宣王没有当好国君，于是对齐宣王说："假如你有一个臣子把妻子儿女托付给朋友照顾，自己到楚国去了，等他回来时，他的妻子儿女

PART 03
三大环节强有力：逻辑有力

却在挨饿、受冻，对这样的朋友该怎么办呢？"

齐宣王不知道孟子的用意，于是非常干脆地回答说："和他绝交！"

孟子又问："军队的将领不能带领好军队，应该怎么办呢？"

齐宣王觉得这问题太简单，于是以更加坚定的口气回答："撤掉他！"

孟子终于问道："一个国家没有治理好，那又该怎么办呢？"

齐宣王这才明白了孟子的意思——国家治理不好，应该撤换国君。虽然齐宣王不愿接受这种观点，但是在孟子层层剥笋的巧妙言说之下，也只有接受这种观点了。

复杂难说的事要由浅入深地论证说明，假如孟子一开始没有前面的铺垫就直接提出第三个问题，齐宣王肯定会愤怒。在工作当中，我们劝说领导的时候也可以使用这种具有逻辑关系的方法。

战国时，楚襄王是个昏庸的国君。大夫庄辛直言

031

进谏，楚襄王非但不听，还训斥庄辛是"老糊涂"。庄辛只好离开，到了赵国。不久，秦国占领了楚国大片的国土。楚襄王有所醒悟，于是把庄辛找回来商量对策。

庄辛于是变直言进谏为层层剥笋，连设四喻，从小到大，由物及人，层层递进，步步进逼：

"蜻蜓捕食虫子，自以为很安全，却不知小孩子调糖稀涂在丝网上，想要在高空之上粘住它，一不留神它就会成为蚂蚁的食物。黄雀俯啄白米，仰栖高枝，自以为无患，却不知公子王孙将要把它射下，调成佳肴。天鹅直上云霄，自以为无患，却不知射手要把它射下来，做成食物。蔡灵侯南游高丘，北登巫山，饮茹溪之水，食湘江之鱼，左手抱了年轻的美女，右臂挽着宠幸的姬妾，不以国政为事，却不知子发受了楚王之命要把他杀掉。大王您左边有个州侯，右边有个夏侯，御车后跟着鄢陵君和寿陵君，食封地俸禄之米粟，用四方贡献的金银，同他们驰骋射猎于云梦之间，而不以天下国家为事。您不知穰侯正接受了秦王的命令，他们的军队要占领我们的国家，把大王驱赶到国外去呢！"

PART 03 三大环节强有力:逻辑有力

一席话,听得楚襄王"颜色变作,身体战栗",到了非纳谏不可的境地。

还有一个故事,说的是战国时期,张仪说服秦王破六国合纵从而兼并天下,采用的也是层层剥笋的方法,至此,秦王才有了趁胜统一六国的决心。

张仪认为秦国缺乏远大的战略眼光,不能抓住大好战机,穷追猛打,使崤山以东的诸侯得以喘息,卷土重来,合纵攻秦,以致出现六国"当亡不亡",秦国"当伯(霸)不伯(霸)"的局面。为了促进秦国统一六国的大业,张仪向秦昭王献策说:

"我听说,天下诸侯——赵与北方的燕、南方的魏,联结楚,拉拢齐,又纠合残余的韩,结成了合纵的局面,将要向西来与秦国对抗,我私下里讥笑他们不自量力。世上有三种导致灭亡的情况,而六国都具备了,大概说的就是他们的合纵吧!我听人说:'混乱的国家去进攻安定的国家,就会灭亡;邪恶的国家去进攻正义的国家,就会灭亡;倒行逆施的国家去进攻顺天应人的国家，就会灭亡。'现在六国的财物不足，粮仓空虚，他们即使出动全部的士民，扩大军队至几十万、上百万，临战之时，前面有敌人雪亮的刀剑，后面是自己一方斩伐逃兵的斧质，可是士卒还是纷纷后退不肯死战。不是他们的百姓不能死战，而是六国的君主不能够使百姓死战。该奖赏的不给奖赏，该处罚的不处罚，赏罚都不能兑现，所以百姓不肯拼死作战。

"现在秦国颁发号令，施行赏罚，有功无功都视其业绩而定，没有偏私。秦人虽说从小生活在父母的怀抱之中，生来不曾见过敌寇，但是一旦听说打仗，便跺脚脱衣，踊跃参战，冒着敌人的刀剑，踏过地上的火炭，决心拼死，勇往直前的人到处都是。决心拼死和贪生怕死是不同的，秦国士民能做到决心拼死，是因为秦国提倡勇敢。因此，一个可以战胜十个，十个可以战胜百个，百人可以战胜千人，千人可以战胜万人，有一万人就可以战胜天下诸侯了。现在秦国的土地，截长补短，方圆数千里，威名远扬的军队数百万，再加上秦国号令赏罚严明，地理形势有利，天下各国没有哪个比得上。凭借这些有利条件对付天下诸侯，统一

PART 03

三大环节强有力：逻辑有力

天下是很容易的。由此可知，只要秦军出战，没有不获胜的，进攻没有不能攻下的，抵挡的敌人没有不被打败的。按说一战就可以开拓国土几千里，可以建立很大的功劳。可是眼下军队疲惫，百姓困苦，积蓄用尽，土地荒芜，粮仓空空，周围的诸侯不肯臣服，霸王的名声没有成就，这没有别的原因，是因为谋臣没有尽忠的缘故。

"而且我听说，'诚惶诚恐，小心戒惧，就能一天比一天谨慎'。只要做到谨慎地选择达到目的的途径，就能够统一天下。怎么知道是这样呢？从前，纣做天子，统率天下百万将士，向左饮水于淇谷，向右饮水于洹河，淇谷的水喝干了，洹河的水也不流了，用这样众多的军队和周武王对抗。武王率领穿着白色盔甲的3000将士，只经过一天的战斗，就攻陷了纣的国都，活捉了他本人，占据了他的土地，获得了他的人民，而天下的人没有谁为纣哀伤。智伯统率智、韩、魏三家的军队，到晋阳去攻打赵襄子，挖开晋水淹晋阳，历经三年，晋阳将要陷落了。襄子派遣张孟谈暗中出城，策动韩、魏毁弃与智伯的盟约，得到两家军队的配合，去攻打智伯的军队，捉住智伯本人，成就了襄子的功业。

高情商职场口才课：
魅力口才，张口就来

"我冒着犯死罪的危险，向您进献的方略可以用来一举拆散诸侯的合纵，攻下赵国，灭亡韩国，使楚、魏称臣，使齐、燕来亲近，使您成就霸王之业，让四邻诸侯都来朝拜秦国。假如大王听了我的主张，诸侯的合纵不能拆散，赵国不能攻下，韩国不被灭亡，楚、魏不来称臣，齐、燕不来亲近，您霸王之业不能成就，四邻的诸侯不来朝拜，大王就砍下我的头在全国示众，把我看作替大王谋划而不尽忠的人吧！"

张仪的陈词慷慨洒脱，逻辑关系严谨，秦王也因此被说动，为天下的大一统拉开了序幕。

运用层层剥笋法进行演讲说服，需要在演说前把论证方案设计得环环相扣，天衣无缝。如此一来，对方才有可能在我们的说服逐层展开的过程中"束手就擒"，我们才能达到演讲的目的。

PART

04

四种思路莫忘记：思维畅达

要想说得好,想法很重要,思路很重要,思路对了,一步一层楼;思路不对,步步栽跟头。想都想错了,不管再怎么努力还是会惨败,因为背道而驰。这里给大家介绍在演讲表达和沟通交流过程中,快速搭建内容逻辑的四种思路:逆向倒转思维法、追本溯源思维法、纵横交错思维法、攻其一点思维法,这四种思路不但能帮你有效应对话题和挑战,还能确保你的思维畅达,展现你的临场语言应变能力。

一、逆向倒转思维法

对于学习语言,我们常说一个词"语感",就是形成一种语言表达的习惯和感觉。也就是说,当你看见或听到一个东西时,就会调动大脑里的相关记忆,并通过语言表达出来。比如逆向倒转,以后只要一看到"逆向"两个字,马上就能想到这种逆向倒转的思维方法,并结合语言环境,快速应对。

什么叫逆向倒转?顾名思义就是面对问题,反过来想一想,看看能不能化褒为贬、化贬为褒,化正面为反面、化反面为正面。逆向倒转,反过来想一想,找到自己谈话的切入点或者解决问题的办法。

案例

这山望着那山高

我们经常会看到一些老总批评一些年轻人，说："张三，你这个人就是这山望着那山高。"在这样一个语言环境里，到底是褒还是贬？一般人都说是贬。如果张三不想反驳，就说："头儿，您说得对，谢谢您的指点，我以后会注意。"如果需要说明、解释一下，不妨运用逆向倒转思维法，给领导这样说话："头儿，您说得对，我刚毕业是想法多一些，但也不见得是坏事。如果在我们公司里，每个人都有创新思维的话，我想局面一定会不一样。头儿，您看，以前我们说现代化指的是楼上楼下电灯电话，看看今天'嫦娥四号'都登陆月球背面了，还要建立空间站，向深空探索。奥运会上每个运动员，包括残奥会的运动员，每个人都是不断地挑战自我，完善自我，一次次刷新纪录，其实仔细想一想，这个社会的发展就是靠那些不满足现状的人推动的,因此人类要有这山望着那山高的精神。"这就是化贬为褒。完了以后说:"头儿,您以后多指点,说不定哪个想法就谈到点子上了,对我们工作会有所促进的,谢谢您。"既谦虚又有深度,方向非常明确。

二、追本溯源思维法

追本溯源,顾名思义就是往根上走一走,透过现象看本质。

在生活中,多走一步就会有多一步的收获,成功了有经验,失败了有教训。经验和教训都是财富,透过现象看本质,这叫追本溯源思维法。

心理学上有一个观点叫从众心理,老百姓有句话叫随大流。我们很多人有的时候就是懒得思考,人家怎么干,自己就怎么干。很多人都在做邯郸学步的事情!各位,要想过得更好,有成就,能突破,就必须要有自己的想法,要有定力,知道自己要干什么。有时候出发太久了,不知道自己要到哪里去,天天都在忙,

PART 04 四种思路莫忘记：思维畅达

但不知道究竟在忙什么。等到年底的时候总结一下，却发现没干什么事，但累得够呛。因此，带着思考前行特别重要。

1. 谈谈日本经济

说到日本，很多人都觉得日本人很有钱，他们是经济强国，但这么说未免有些肤浅。我们用追本溯源思维法，来思考这个话题。

中央电视台水均益主持的《高端访问》栏目，曾有一期节目叫"对话日本前首相麻生太郎"。麻生有这样一段谈话，大致意思说："在日本有一个桃太郎的故事，桃太郎是一个神力无边的人，我要像桃太郎学习，带动日本经济更好地发展。今天全球金融危机，任何一个国家不可能一枝独秀，但是当全球经济稍稍回暖的时候，我就会带动日本经济更好地发展。"他有这样一个想法，我们不管这段言论是否正确，我们看看二战之后的日本，小小的岛国能发展成经济强国、经济巨人，不可小视。

日本曾经是全球第一大债权国。债权国意味着好多地方都欠它的钱，而日本只是个弹丸之地，又没有资源。它的经济为什么如此强大？一方水土养一方人，由于它又小又没有资源，而且随着全球变暖，这个岛国会越来越小。现在它有钱，可以从国外购买资源，囤积起来。等别人没有的时候，他再卖。

神华集团的老同志曾抱怨说，他们这辈子怎么都能过，但若干年之后地下都空了，资源没有了，真的到房倒屋塌的时候，要重建家园，今天卖煤、卖资源的那点钱，到那个时候真的是杯水车薪。因此要有长远眼光，发展不单单是挣点钱的问题。

总之，日本的经济不可能滑坡到哪里去，这是由地域决定的，它的忧虑意识、危机感非常强烈，所以它看问题要远得多。我们再谈日本经济，来体会追本溯源，我们不是日本问题专家，但是以上谈到的种种现象，我们每个人都有一些印象。懂得追本溯源，懂得抽丝剥茧的时候，你会发现问题的实质，谈出来就有说服力，有影响力。这就是追本溯源的力量。

2. 换个脑筋想问题

遇到什么事情，记住往根上走一走，不要一根筋，要懂得思考。我曾经从北京的公主坟坐300路公交车

PART 04 四种思路莫忘记：思维畅达

绕三环一圈，想去体会市民的感觉，因为有的时候要了解社会得去体会。我从公主坟上车，快到洋桥的时候，前面位置上的一个女同志电话响了，她接了电话，开始还挺好，后来说着就完全变调了，说："你这死孩子。"再往下听，听明白了。她在跟她的儿子通话，原来她跟儿子约好下午3点在洋桥的一个地方办事，这个妈妈快到的时候，儿子在海淀这边某一个学校给妈妈打电话说他身上没钱，还没出发。这个妈妈就满头大汗，极度生气。然后她说："你等着，妈妈去接你。"

我就想，她从南三环满头大汗挤公交车，再到海淀，多累。而且她在公众场合里骂自己的孩子是死孩子，孩子心里该有多难受！其实换一个想法，她可以告诉儿子以后遇到事早点说，再让他现在马上下楼打车过来，妈妈付钱，她在这不见不散。这该减轻多大的劳动量！

所以，有的时候我们做了很多没有意义的事。一些老总也是一样，好像每个事都是他的，一会儿干这，一会儿干那，一睁眼忙到熄灯，开个车在东城、西城、海淀、宣武门来回跑。忙来忙去,自己很辛苦不说,效率还不高。所以以后一定要做有效率的事情,效率非常重要。还是那句话,要想搞定别人,先搞定自己。做事情之前,关上门想明白了再出发。遇到什么事情往根上想一想,找到更合理的解决办法。

三、纵横交错思维法

所有的事情都可以从纵向(或者从纵的方面)或横向(或者横的方面)去换个角度看问题,这叫纵横交错思维法。任何事情有利就有弊,随着航天技术的发展,我们知道了北京是地上一座城,但地球是天上一颗星,晚上仰望星空星光灿烂,但我们只是其中一颗而已,作为人类就更渺小了。但是凭借我们的头脑思考,我们就可以上天,也可以入地。

有一句话叫作只要思想不滑坡,办法总比困难多。换个角度就不一样。

1. 红绿灯

讲道理不如讲故事,讲一个小时的大道理,不如

PART 04 四种思路莫忘记：思维畅达

讲十分钟的故事让人感悟更深，换个角度看问题立即就会不一样。就像我们在北京开车，有很多人一遇到塞车，一看红灯，一脚刹车，就开始骂街。如果你懂得纵横交错思维法，懂得换个角度看问题，就会不一样，如果你赶上了红灯，又误点了很不高兴。这个时候你转念一想，每一次绿灯我都先行，调整这么一点点，心情顿时不一样。当山不能向你走来的时候，你向山走去，同样在缩短距离。

在这个世界上，每个人只能够控制自己。我们不能左右天气，但可以改变心情；我们不能改变容貌，但可以展现笑容。人一辈子唯一能够控制的就是自己，自己的子女，也不要想着去控制他们。因此放手、放手、再放手，洒脱一点，教育是潜移默化的，影响也是随时随地产生的，要想搞定别人，首先搞定自己。修炼自己特别重要，换个角度看马上不一样。

2. 周士渊的解释

我有一个老师叫周士渊，他60多岁，很厉害，课讲得很好。他给人介绍自己名字的时候，总是会高高兴兴、大大方方地说:"我叫周士渊,周易的周,硕士博士的士,知识渊博的渊。"一听这三个字的组合,马上让人觉得有大教授的感觉。他们家是书香门第,父母是高级知识分子。而如果换另一种介绍,说:"我叫周士渊,周扒皮的周,嬉皮士的士,罪恶深渊的渊。"前一种介绍让人马上红光满面,精神抖擞,后一种介绍立即让人灰头土脸。

所以,换个角度看问题,特别重要。任何事情都可以采用纵横交错思维法,用纵向横向去思考,去交谈。哲学上叫对立统一。这个社会永远是对立统一的关系,有好一定有坏,有男就有女,有上就有下,是对立统一的。你在某个方面有弱点,一定在某个方面有优点。当然有的时候,正因为你的弱点反而成就了你,这都是有可能的。因此一切坦然面对,遇到任何问题换个角度看,就能立即找到阳光灿烂般的心情。要调整自己的心态,随时随地处于最佳的状态。

3. 史铁生谈快乐

作家史铁生身体不好,他写过这样一段文字:"发

PART 04 四种思路莫忘记：思维畅达

烧了才知道不发烧的时候脑袋是多么清爽；咳嗽了才知道不咳嗽的时候嗓子是多么舒服。"自己去体会，真的是比较而来的。试想一下，坐轮椅了，这时候会觉得将两条腿都给丢了，于是坐在轮椅上觉得天昏地暗，不知道怎么过日子，很难过。后来又得了褥疮，连续两个星期躺在床上，十分痛苦。这个时候突然想到一个人能够端坐是多么幸福。

生了病，昏昏然不能思考，偶有清醒的时候，无比怀恋往日的时光。因此，在任何时候都应该找到那份幸福的感觉，在任何时候都感觉自己是幸运的。在任何一个灾难面前，都可能加上一个"更"字。你今天遇到不幸了吗？还可以在这个不幸上加一个"更"字。

人要随时调整心情。如果你真的朝这方面去修炼，就会马上感觉自己是幸福的、是幸运的、会有很好的未来，这样才会有更好的前途。那些天天抱怨生活，低头哈腰的人，永远不会有什么出息。拿出一个精神状态来，换个角度看问题，让快乐永远跟随你。

四、攻其一点思维法

好的东西，立即重点吸收它。攻其一点思维法就是当大的问题驾驭不住的时候，就将它拉到自己熟悉的领域来谈，从一个小的切入点入手，谈深谈透，同样可以赢得喝彩。

1. 普通司机讲领导力

我曾经给一位领导做私人定制的课程，辅导他语言方面的问题。他让他的司机来接我，接到我以后，我就跟这个司机小伙子聊天。因为北京堵车很厉害，路上很无聊，而我有个特点，就是无论跟谁在一起，短时间内就可以处得很自在。

那天我留给这位司机朋友的印象是我特别亲和。我说："你别这么说，亲和是上对下、尊对卑、长对幼的，咱们是兄弟，不存在亲和不亲和的问题。"我这么讲话他觉得我更亲和了，于是就给他留下了深刻印象。

不久后我就接到了他的电话。接通以后，对方还战战兢兢的，感觉是下了很大决心才给我打电话的。

PART 04 四种思路莫忘记：思维畅达

他热情洋溢地说："李老师，您还记得我吗？"

说到这，我想提醒大家。除非这个电话不接或者没空接，既然接了，人家那么热情洋溢的讲话，你即使不知道，想不起来，也不能说"我不知道你是谁"，或者"你是谁，赶紧说"。这就不够礼貌。

你应该这样处理，你也热情洋溢地讲话："当然知道你是谁了，你怎么给我打电话了？"他特别激动地说："李老师，谢谢您还记得我。那天我从万寿路接了您以后，咱们在路上谈这谈那……"当时我脑袋里就像放电影似的，聚焦、聚焦、聚焦，最后焦点调实了，我就知道他是谁了。

我说："你怎么给我打电话了？"

他说："李老师，谢谢您还记得我。快过年了，我特别苦恼。希望老师您能帮我一下。"

我说："你跟我说，既然打电话了，我要能帮你我一定帮。来，说出来。"

他就开始讲他的事。他说："我从部队转业了。在部队的时候就是开车的，以三级士官转业，来到地方给领导开车。工作中也没有讲话的机会，而且越来越不敢讲话了。现在快过年了,我要是回老家见到我战友、同学、家人,都没的讲。因为我就是个司机,我跟别人没话说,我只会开车。"

我说:"你以后不要把'我就是个司机'挂在嘴上,司机怎么了?凭自己的技术吃饭,流自己的汗、吃自己的饭很光荣。把车开好这就很好。"

他说:"不,李老师,我就是个司机,没的谈。"

我说:"我给你个方法,叫攻其一点。任何问题都可以拉到你熟悉的领域来谈,对你提到的任何问题,都可以拉到开车这个领域来谈。"

他说:"那怎么行啊,我只会开车。"

我说:"会开车就够了,现在启发你一下。我问你一个问题,怎么样当好领导?"

听到这句话,他在电话那头立即急了:"李老师,您这不是笑话我吗?我刚才说,我就是个司机,我没当过领导。"

如果我是这位司机,我会这么办:先把话题接过来,然后再想办法转移到自己熟悉的领域上去。这就是谈话的第一个层面——先把话题接过来。我们

保持表达沟通时的思维畅达

头儿,您说得对,您以后多指点,对我的工作会有促进,谢谢您。

张三,你这人就是这山望着那山高。

逆向倒转思维法

面对问题,反过来想一想,看能不能化贬为褒,找到谈话的切入点或者解决问题的方法。

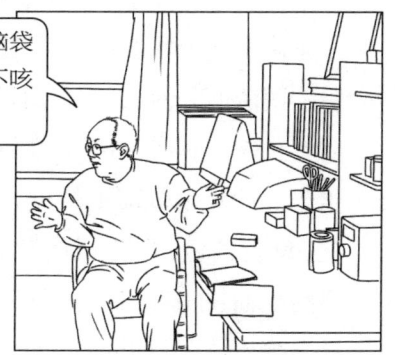

发烧了才知道不发烧的时候脑袋是多么清爽;咳嗽了才知道不咳嗽的时候嗓子是多么舒服。

纵横交错思维法

换个角度看问题,思想改变了,结果也就不一样了。

开车讲究三个要素:方向、速度、刹车。当领导首先目标要清晰,方向要正确。其次面对稍纵即逝的机会,速度第一。最后,还要懂得刹车,这同样是智慧。

攻其一点思维法

从自己熟悉的领域,从一个小的切入点入手,谈深谈透,同样可以赢得喝彩。

应该这么说：

　　谢谢李老师问我这个问题。我没当过领导，您知道我的经历是专业司机、职业司机，我现在给领导开车。我车开得特别好，我虽然没当过领导，但是我觉得当领导和开车差不多。当领导怎么跟开车差不多呢？开车讲究三个要素：方向、速度、刹车。当领导带领自己的团队何去何从，首先目标一定要明确，要清晰，方向要正确。其次，今天竞争这么激烈，机不可失，时不再来。面对稍纵即逝的机会，该加油加油，该加速加速，反应到位，准确抓住发展机遇。因此，当领导要懂得加油、加速。最后，还要懂得刹车。什么事该干，什么事不该干，即使同一件事，也不要追求十全十美。当领导要见好就收，做到急流勇退，同样是智慧。

　　这就叫攻其一点思维法。任何人都有自己的工作岗位，都有自己的根据地，或者他擅长的领域，或者平常从事的职业。哪怕是一个打扫卫生的，他对院落的了解都比老总、董事长要多，什么时间这个院子里景色最好、什么时候阳光最好，他都知道。总之，任何人都有他擅长的地方，这叫攻其一点思维法。

PART 04 四种思路莫忘记：思维畅达

所有的事儿都是隔行如隔山，但隔行不隔理。道理都是一致的。讲话就是我口说我心。我们中学的时候学习过韩愈的《师说》："是故，弟子不必不如师，师不必贤于弟子。闻道有先后，术业有专攻，如是而已。"知识在爆炸，我们工作那么忙，压力那么大，不可能天天学习，但是要学一个东西，就要认真、一心一意地把它学专、学深、学透。

总之，攻其一点就是讲自己熟悉的话，所有的话题都可以拉到自己熟悉的领域去说，多思考多总结，你就能掌握交谈的主动性，展示你的口才。

2. 农村大妈谈莱温斯基

假设你是一位记者，来到一个农村采访一位大妈，说："大妈，您好，请您谈一谈您对莱温斯基的看法。"一般情况下，被采访对象肯定回答不了这个问题，因为她不认识莱温斯基，不知道她是谁。现在我们再用攻其一点思维法再一次扩展思维，打开思路，即使是这位农村大妈，这个话题也完全可以谈。

大妈真的不知道莱温斯基是人还是物，她会说："什么?"记者再强调:"大妈,请您谈谈您对莱温斯基的看法。"大妈突然明白,说:"谁司机?谁的司机?"为了解释清楚这个问题,记者可能会牵扯到美国前总统克林顿先生和他的这位实习生。大妈更有话说:"怪不得我不知道,总统的司机,我还以为是你们王总的司机呢!"这个时候你会发现,这就叫对话、会话,这就是生活。

假设我们每个人都知道自己什么时候死,那么我们还有心思活吗?再看看在某场会议上,如果大会主席宣布一个很庄重的问题,说:"请××代表站起来讲话。"如果那个人站起来,义正词严地说:"无可奉告。"请注意,无可奉告也是一种奉告,那也是一种回答。所以,这个时候每个人要结合自己的实际,每个人都有自己的观点和看法,从自己的角度来谈,就是我口说我心,这就是攻其一点思维法。从军事上讲,这叫重点进攻,各个击破。我们都知道与其伤其十指,不如断其一指;与其按进去200多个一拔就掉的图钉,远不如在单位时间里砸进去一颗钉子更有效果。这叫攻其一点思维法。拉到你熟悉的领域里谈,从一个小切入点谈深谈透,同样可以赢得喝彩。

PART 05

五项修炼身心灵：身心健康

微笑、热情、激情、才情、人情，这是我们提倡的五项修炼。一个不善于微笑，缺乏热情，没有激情，淡于才情，不懂得人情的人，是断然与成功无缘的。反过来讲，一个微笑在先，大方得体在先，热情洋溢，又激情满怀，又有自己的专业知识，走到哪里都能周旋，满面春风的人，想不成功都难。

一、微笑

微笑是一个资源，从今以后不要再浪费它。有一句这么说的话："微微一笑并不费力，但它带来的结果却是这样的神奇，得到一个笑脸会觉得是一份福气，给予一个笑脸也不会损失分厘。微微一笑虽然只需几秒，但它留下的记忆却不会轻易拭去，没有谁富有得连笑脸都拒绝看到，更没有谁贫穷得连笑脸都担当不起，因此解语之花，忘忧之草的美名，它当之无愧。微笑买不来，借不到，偷也偷不去，只有在给人之后，才显露它的意义。"这就是微笑的真谛。

记住，要时常把微笑挂在脸上，当你微微一笑，举手向大家问好的时候，立即就有很好的回应。笑有助于消化，笑能减轻压力，笑是长寿的秘方，只要我们能笑，我们就永远不会贫穷，这是一个宝贵资源。运用它，发挥它，挥洒它。

二、热情

热情也是世界上最大的财富，它的潜在价值能够超过金钱和权势，热情摧毁偏见与敌意，摒弃懒惰，扫除障碍；热情是行动的信仰。热情是不老的心，是奋进的歌，我们要热情洋溢地生活。早上起来洗漱完毕以后，一照镜子，满怀热情才是成功者的形象。满怀热情地走进生活当中去，工作、生活、学习，路上、家里、办公室，到哪里都要拿出热情洋溢的状态来。

三、激情

激情是强烈激动的情感。有一句话叫平平淡淡才是真，但是清汤寡水欠滋味。活出激情来，洒脱一回，解放自己，给自己松松绑，不要陷在鸡毛蒜皮的事里，天天过得愁眉苦脸。生活当中那些低头哈腰的人，是不会有出息的。遇到困难敢于迎难而上,有这种强烈的自信,每个人都可以成功。

总之,让激情的种子常驻心间,让生活的河流滋润它成长,偶尔释放我们的激情,生命会因此而精彩,让我们常怀激情,驰骋人生。

四、才情

才情,是能力、才能、才华、才思的综合体现。有一句话叫"干一行,爱一行",成为这一行的行家里手。文凭是铁饭碗,会生锈的;关系是泥饭碗,会碎的;能力、才能是金饭碗,它才是会升值的。因此我们要不断地修炼自己的才情,扩大自己的专业领域的知识,成为一个专家型的人才。

人生在世就是发现问题、解决问题的一个过程,遇到问题能够迅速做出反应,并且反应到位,是需要才情作后盾的。是金子哪里都有市场,不学无术没有出路。从今天开始,真真正正体会一下你所从事的工作,你了解的那些知识,对业务的了解、对产品的了解、对人的了解,你在做什么工作,仔细体会,增加才

微笑、热情、激情、才情、人情

微微一笑并不费力，也不会损失分毫。微笑买不来，借不到，也偷不去，只有在给人之后，才显露它的意义。这就是微笑的真谛。

热情的潜在价值远远超过金钱和权势，热情是行动的信仰，有了它，我们就会无往不胜。

激情是强烈激动的情感。遇到困难敢于迎难而上，有这种强烈自信的人都可以成功。

爸、妈，这个是刚买来的西瓜，特别甜，你们尝尝。

要想成为赢家，首先成为专家。

微笑、热情、激情、才情、人情，这是我们提倡的五项修炼。一个微笑在先，热情洋溢，激情满怀，有自己的专业知识的人，走到哪里都能周旋。

情，专业知识很重要。

五、人情

人要懂得人情世故，人情不是天天请客送礼那一套，而是真真正正地说话，走进心里。干任何事情，真诚地讲话，才能人情味十足。比如男同胞去看望岳父岳母，一按门铃听见里面有人喊："谁呀？"你在外面说："妈，是我。"老太太一开门，你抱一个大西瓜进去，一放。"妈，这个是刚买来的西瓜，特别甜，您尝尝。我还要上班，我先走了，妈，再见，您注意身体，回头再来看您。"老太太在门口，望着远去姑爷的背影，心里甜丝丝的，心里在想，如果还有个女儿还嫁这样的人。可见把话说到位多重要。

所有的女同志也是一样，去看望公公婆婆要把话说到位，老百姓有句话叫会说话当钱使，真真正正地去感受这些，以后说话人情味十足。

有一天，我在《读者》上看到这样一段文章，说有一对盲人夫妻，妻子双目失明，丈夫只有一只眼睛，两口子相扶相携，衣衫褴褛，在凛冽的寒风中来到一个餐馆吃饭。走进餐馆以后他们发现这个小店不大,但是生意很兴隆。只见这个丈夫领着妻子来到一个桌子边,拖出一个凳子来,请妻子坐下,安顿好妻子之后,就马上喊老板来两大碗米粉。

过后,他自己来到服务台,跟老板耳语之后,付了钱就过来坐下。店伙计上饭,端着一个盘子,上面一个大碗和一个小碗,他拿过大碗,把那个一次性筷子撇开,磕了磕上面的刺,把调料调匀后端给妻子吃,说:"你吃吧,这米粉趁热吃,一定很好吃的。"妻子看不见,默默地拿起筷子吃,这个丈夫端起小碗吃。他之前一进门喊的要两大碗米粉,所有的人都听见了。

有个年轻的母亲带着一个孩子,孩子童言无忌,明明听到这个叔叔要两大碗,为什么这时候一大一小,这不是欺负人家看不见吗?其实孩子是不懂的,不是欺负他看不见,而是没钱。这个孩子看见这个丈夫拿起小碗在吃,孩子说:"叔叔,你那是小碗。"这叔叔还摆摆手,示意他别说。他妈妈也批评他不要瞎说。孩子说:"我没瞎说。"这个妻子明明看不见,还是抬起头来,望向丈夫的方向,片刻之后,默默地垂下脸又吃那餐饭。

这两人就餐完毕,走出店门口以后,丈夫为了消除妻子的疑虑,说:"你别难过,别哭,我也吃的是大碗,今天的米粉真好吃。"他不说还不要紧,他一说这个妻子很难过,眼泪止不住地往下流。丈夫看在眼里,觉得这样解释不通,把妻子的手拿过来拍拍胸脯说:"你别哭,我是吃的小碗,但是早上咱们9点才吃饭,我吃了两个烧饼,刚才这一小碗也吃饱了,真的,你别哭。"妻子越哭越难过,在凛冽的寒风中,只见丈夫把妻子揽在怀里,撩起破棉袄在擦眼泪,说:"你别哭,让别人看见多笑话。"

这段文字看完,我感动得泪流满面。那天我还坐在车上,穿得笔挺。旁边的人看我这样都在询问,这位先生怎么了。我说:"没事,刚才看篇文章,很感动。"这份情,这份爱,这份真,真是十分难得。结婚意味着责任,我们要学会为对方负责,爱你的妻子,爱你的丈夫。

总之,人是生而平等的,尊重别人,上与君王并坐,下与乞丐同行。有情有义,以人为本,天地人和。

PART 05 五项修炼身心灵：身心健康

一个微笑在先，大方得体在先，热情洋溢，激情满怀，又有专业知识，走到哪里都能满面春风的人，必定是一个成功的人。请牢记走向成功的五要素：微笑、热情、激情、才情、人情。

PART

06

六套法则益无穷：
头脑灵光

我们先来猜几个谜语,清醒一下头脑。谜面是"巨轮起航",打一中国城市名。答案是上海。上了海,巨轮才能起航,池子里肯定是漂不起来的。"海上绿洲"——青岛;"一路顺风"——旅顺;"双喜临门"——重庆;"第一次结婚"——大庆;"第二次结婚"——重庆;"第九次结婚",打一国际性大都市——巴黎。

为什么让大家猜谜语呢?这和我最近的一个有趣的经历有关。

有一天,我开车在路上走,听到电台里的一个节目,内容是让听众朋友们猜谜语。谜面是哪三种动物摞在一起显得最高。我们一般人的思维是什么动物大,放在一起就高。我也心想一定是长颈鹿、大象,等等。正在想的时候,人家公布正确答案了。答案是猪母狼马(珠穆朗玛峰)。我觉得这个很有意思,就把车开到路边上,踩着刹车,自己乐了一阵子。

我们每个人说话要鲜活,这样表情达意更准确,做人想要有趣味,就得有语言材料。语言材料是靠积累来的,不是什么话不能说,而是要说对地方。任何语言都是积累的,什么材料都要有。盖一栋楼要有砖

PART 06 六套法则益无穷：头脑灵光

头、瓦块、水泥、钢筋等建筑材料，讲话要有各种各样的语言积累，到什么山头唱什么歌，见什么人说什么话。当然不是那种"油条"，不是不讲诚信，而是见着秀才说书，见着屠夫说猪。要积累好说话的语言材料才能形成互动，跟人打成一片，跟谁在一起都有话说。

一、看图展思维

1. 你能看到九张脸吗

看图展思维，请大家看下面这张图片，预热一下头脑。

从这张图里面能看到九张脸的人，你的智商在200以上。在这个浮躁的社会里，每个人要有自己的想法，要有自己的思考力。从这张图片可以看到九张人脸，这就告诉我们：不止在一个角度看，而要全方位观察问题。在这张图中，大脑袋有四张脸，分别是：女人和她怀里的孩子，眼睛里还有一个老爷爷的脸，还有整个大脑袋这张脸，一共是四张。另外，角上有一个美女的侧脸，鸟的附近还有四张脸，首先是鸟嘴巴右边有一张侧脸，而左边有三张，两张上下排列，侧脸，还有一张正脸。加起来一共九张脸。

从这张图里我们知道，以后干任何事情要客观、鲜活一点，换个角度看问题，可以看到更多的东西，得出的结论相对周全。尤其在企业里当领导要全面掌控全局，不厚此薄彼。

2. 请问狮子在哪里

接下来看这张图，请问狮子在哪里？

PART 06 六套法则益无穷：头脑灵光

答案：这张图其实是一个狮子头，柳树梢是头发，那两只鹅是它的眼睛，草帽是鼻子，这样一个景致，就是活灵活现的一个狮子头。人家这照片拍得多么有感觉，能捕捉到这样一个镜头，而且是天然的，不是后期加工，非常不容易。

这张图告诉我们，有时候要敢于下结论，并学会用语言描述，经常去锻炼自己的思维。

3. 他是谁

请以虔诚的心境,用力注视图形中央的四个黑点30秒,然后闭上眼睛仰头朝上,眼睛再慢慢张开看开花板,慢慢地你会看到……看到……啊!那是……天啊!

这张图很神奇,如果你把你的目光焦点集中在中央四个点,目不转睛,看30秒。然后抬头看天花板。看着看着,好像一束光打到那儿,像照相一样调焦,调清楚后看到的是一个脑袋,五官非常端正,络腮胡,长头发。根据这个形象,我们想到的是切·格瓦拉、耶稣,还可以想到马克思、恩格斯,等等。看到这个形象,就像照片一样特别的真切。

　　为什么能看到这样一个人物,而且真真切切地摆在我们面前？从科学上讲,可能是折射反射视觉暂留。世界是物质的,物质是运动的,运动是有规律的,规律是可以被认识的,认识是与时俱进的,一切都不神秘。认识与时俱进,我们会越来越聪明,越来越有智慧。今天搞不明白的东西,明天可能就会弄清楚,要永远不断地去认识自己。从某种程度上讲,潜意识的力量比显意识的力量要大很多,因此要不断给自己积极的暗示。

　　今天的所有作为,都是一贯以来的思想观念造成的。因此要经常肯定自己是有前途的、有机会的,只要自己不放弃,就会离成功越来越近。从发展的眼光看,只要你时时刻刻在努力,就会有更好的前途。潜意识告诉我们：每个人都不能放弃自己,要善待自己,给自己以支持。善待自己从心灵开始,满意自己的长相,满意自己目前的工作或生活,但与此同时,也要不断地更加追求,这样才有美好的明天。

　　这个图片告诉我们：一切都不神秘,因此不要觉得人家开奥迪,我开奥拓;人家开大奔,我开大发;不要天天觉得我没谁白,我没谁好看,我没谁有气质……不,自己跟自己比,每天进步一点点,每个人都是别人所无法取代的。

4. 静的还是动的

看上面这张图片,它到底是静止的还是运动的?感性地说,这几个齿轮在咬合,在转,在动;理性地说,它是一个静止的图片。这就又告诉我们:有静有动,

事物是对立统一的。如果我们今天的处境不够好,不代表明天也不好;今天你比我强,不见得明天你还比我强。永远用辩证发展的眼光去看待自己、看待朋友、看待整个社会。

二、择语活思维

《国家》这首歌里有这么一句歌词:"国是我的国,家是我的家,我爱我的国,我爱我的家……我爱我国家。"这里给我们一个启示:你家、我家加起来是国家,我们56个民族,加起来叫中华。家事国事天下事,都是一个道理。我们的圣贤告诉我们:修身、齐家、治国、平天下。修身是第一位,先搞定自己。

我们从小生活的环境不一样,背景也不一样。我们从小学的字、词、句、成语、歇后语、俗语,这些语言材料就如衣柜里的衣服,挂在那里,你去参加个什么活动的时候,才想到穿哪件衣服合适。讲话也是一样,平常储备在脑子里的语言材料有很多,但它们处于游移不定的状态,我们遇到什么人才会条件反射般地去找词说。

快速择语特别重要,训练自己的思路,快速择语,马上就有话说。有以下几个方法可以帮助大家训练。说四字词语,它可分为首字拈、末字拈、首字数序拈、首字成句拈等几个玩法。

1. 首字拈

比如说一心一意,首字是一,接下来每个人以"一"为首字说四字词语。比如一目了然、一马当先、一筹莫展、一叶障目、一衣带水、一念之差、一夫当关、一针见血、一掷千金、一叶知秋……

首字拈,杜绝重复,前面说过的后边不再说,说出你独到的东西来,可以随便编。这个游戏可随时随地练,比如一家三口在吃饭之前,为了带动孩子练习表达,锻炼思路,一家三口可以按照上面这种方法练一下。或者一个小组也可以练习。

2. 末字拈

末字拈,即拈的是最后一个字。比如说一心一意,末字是"意",就往下编。一心一意不用去想,直接地就心到,脑袋里有所想就有所说,就是心到口到,就能产生连锁反应。接下来可以说：异想天开、开天辟地、地久天长、长此以往、往来回环、环环相扣、扣人心弦……

今天的词语都是先辈总结出来的，百年之后我们也是先辈。有一次在一个高级论坛上，在座的都是领导干部，当时也玩首字拈。说的是羊，一个大姐接不上来，助教特别严格，拿着秒表到她跟前掐秒表，5，4，3，2，快说1的时候，那大姐一跺脚，说羊不上树。全场爆笑，鼓掌通过。因为可以随便编，这个特重要，大大方方说出来。

总之，语言引导思维，表情引导思维，你的一举一动引导别人的思维，一个人有了自信，才会有他信，才会有众信，才会有公信。一个人自信的时候，别人才会相信你，才会有更多的人相信你。因此，提升自信特别重要。

在一次讲课中，我讲语言艺术，金正昆老师讲礼仪。请了一位教授讲人力资源课，两个班合并上大课，培训部长宣布，接下来有请××教授讲人力资源课，掌声欢迎。顿时掌声四起，大厅门一开，进来一个老师，他非常不幸，小时候得过小儿麻痹症，这样出现在大家视野之中，所有的人就报以更加热烈的掌声。

那样的身体条件，能成为教授，意味着他要付出更多，没想到这位老师上台以后非常自信，调整位置站定以后，说："各位同学好，我是××大学的教授，在我们的教授队伍里面，我的讲课水平排行第四。"大家一想，那么多教授里还排行第四，了不得，今天这课算听对了，报以更加强烈的掌声。掌声过后他非常清晰地说："各位，前三位空缺，现在开始上课。"既幽默又帅气。

再看看我们，有很多人在台上总这么说："各位，我也没有什么准备。"没准备就下去！今天这个社会就是你方唱罢我登场，该你亮相的时候请精彩亮相，到任何地方都要有备而来。那你的可信度、你给别人的感觉就不一样了。

3．首字数序掂

1、2、3、4、5、6、7、8、9、10，这叫数序。首字数

PART 06 六套法则益无穷：头脑灵光

序掂就是以每个数字为首字说词语，比如一，说个词语，可以说一心一意、一目了然……然后二、三、四、五六、七、八、九、十都编成四字词语。没事在自己家里或者在办公室，拿出纸笔，编四字词，从一到十，写10遍，写出来，你会发现积累了很多词汇，如果实在没词，那你就自己发挥想象力。比如三阳开泰、四阳开泰、五阳开泰、六阳开泰，三阳都可以开泰，四只羊就更开泰，更富裕，要懂得自圆其说。

不要觉得自己在哪方面都不知道，不知道不丢人，知之为知之，不知百度知，不知网络知。你带着问题去检索，任何问题只要你能提出来，关键词往里一输入，就有人告诉你怎么办。我觉得网络太好了，全球知识共享，随便一搜索什么都有。学会利用网络，同时自己轻松一点，不要觉得我哪方面不行，不行没关系，网络告诉你。

4. 首字成句掂

就是看到一个现成的句子，以每个字为首字说四字词语，比如在首都机场一下飞机，就看见前面有一

高情商职场口才课：
魅力口才，张口就来

  标语，豁然写着：首都人民欢迎您。你就看到这个现成的句子，直接往下编，首，首当其冲；民，民主政治，别说民不聊生，少说负面的东西；都，嘟的一声，或者都城很大；人，人山人海；欢，欢天喜地；迎，迎来送往。

  首字成句拈，就是看到一个现成的句子编词。比如时代光华，直接就时代光华、代代相传、光辉灿烂、华夏民族、华夏之光。随便去编，锻炼自己的思维，养成这样的习惯。了解到这种方式，在外边散步时，哪里都有广告语，就用上面的方法锻炼自己。

  我把自己的工作、爱好全指向一个方向，但我也觉得自己无比幸福。前两天我到广东阳江去讲课，他们当地很多领导都坐在前排听课，课间常务副市长黄运带同志递给我一张名片。我一看黄运带，就跟她说这个名字不错。她说："怎么不错，李老师？"我说："这名字太好了，叫这三个字的人，就应该当领导。"她说："为什么？"我说："黄运带，黄家有女，运筹帷幄，带动群众奔小康，创和谐，求大同。"她一听，豁然开朗，并且很幽默地告诉我："李老师，您这个解释太好了，我就觉得尤其是当市长，运筹帷幄，带动群众奔小康,这多好的一个感觉。"她还说她以前也经常介绍自己,说:"我老黄,喜欢运动,还不忘带瓶矿泉水。"

相比之下,我这个解释就比她的强很多,感觉就不一样。这个黄副市长特别好,特别爱学习,活力四射,又有亲和力,这种感觉也会带动群众,人民就会受到她的影响。

三、对子练思维

学习汉语言文学的,遣词用句要懂得讲究,平平仄仄、仄仄平平,讲话对仗工整。今天社会的一切都是速食文化,包括年轻人在网上聊天,动不动就是一个字一个字地蹦:晕、嗨。都是一个字一个字的,很洒脱,很酷。

对对子训练,就是找跟它相对的词或字或句。比如上对下、左对右、男对女、南对北、难对易,男队对女队,柿子拣软的捏对核桃拣硬的敲、西瓜找甜的买、媳妇找漂亮的娶、老公拣帅的嫁……这些话没有对错,生活当中太多的事情只有参考答案,没有标准答案。任何事情只要你说出来,就是一家之言。

我们有一个湖南的政府班,当时说:门对千竿竹,我们可以对:屋里一头猪。大家哈哈一笑,听着一快乐,整个氛围立即就不一样,能够让人轻松是巨大的好事,千金难买好心情。

对对子训练,大大方方地去说话,以后谁让你说话的时候,就会立即有所反应。年轻的父母教育孩子的时候,问孩子任何问题,告诉他立即做出回答,答错了,就是没有学过这方面的知识,是阅历问题;不回答就是有问题,这是对对子训练。

四、描摹放思维

描摹放思维,也就是近义语描摹训练,把概念性的东西具体化。比如胖瘦、冷热、好坏,都是概念,把概念性的东西具体化。再比如说热,热是一个概念,我们说一些什么话,就让人家觉得特热。我们可以说:大汗淋漓、汗流浃背、烈日炎炎、35度,等等。以后我们写招标投标书的时候、写述职报告的时候或者到哪

PART 06 六套法则益无穷：头脑灵光

推销自己产品的时候，都把词写得越具体越好。锤炼语言，让人一听就觉得得出的结论不错，愿意跟你合作，愿意跟你走，这叫近义语描摹。

再比如胖，我们会想到一些说胖的词，比如说：肥胖、大腹便便、脑满肠肥。我有一个学员在清华大学上过我的课，有一天她在办公室里抱怨自己特别胖，她说："李老师，您说我这个人活得多没劲，活得天天姥姥不疼，舅舅不爱的。李老师，您知道吗，我昨天从西单商场买了条裤子，今天就穿不上了，好难过。"我说那不是因为胖，那是你买错了。接着我告诉她："你真的很棒，看你那思维，多幽默，多有品位，多有感觉。在我看来，胖也好，瘦也好，健康就好，当然太胖了不是什么好事，注意去锻炼，有这种意念就可以了。"

最近看了一个资料，说减肥一个月超过10斤，绝对是有问题的，一个月减两三斤是非常好的。所以人要有那种意念控制自己体重，但不是一下子就缩水很多，那绝对有问题。而且胖也好，瘦也好，健康就行，一切自然而然的。

五、联想动思维

联想动思维也就是单字联想训练。联想最初的广告叫人类失去联想,世界将会怎样。所以联想很重要。前面我们也谈到,只要思想不滑坡,办法总比困难多。一个人在筐子里待久了就成了囚,囚徒的囚。有的时候我们受条件的限制,不能马上脱离环境,但是人在筐子里,心可以出来。看心在筐子外面,叫思想的思,让思想活跃,让思想飞翔,解放思想,振奋精神,就会觉得自己脑子很灵光,越来越有智慧。

联想动思维就是看到一个字就联想到一些词,由词想到句子,句子形成段落,段落形成篇章。每个人都可以具备边想边说,独立成章的能力。

有一次训练,我说请下面的听众给我一个字,我来做单字联想训练。后边有人举手,给我一个好字。接下来我就开始联想,围绕这个字展开谈话,边想边说。我们把写出来的东西叫文字表达,说出来的东西叫口头文章,它展现的都是我们的思维。想到东,想到西,想到哪里都不为错,大大方方去联想就行。

PART 06 六套法则益无穷：头脑灵光

"好"这个字,让人一听就舒服,心里无比地舒畅,再看看这个字的结构"女"和"子",有男有女在一起才好,老百姓有句话叫"男女搭配,干活不累"。这个社会是阴阳互补的,一切都是相辅相成的,我们团结起来才会生机勃勃,每个人都期待明天会更好,但是明天怎么样,取决于今天在干什么。

总之,想到哪就说到哪,这都没问题,就是要敢于去说,给自己一个支撑,完全可以说得好。心理学告诉我们:一个人的思维要比表达快得多,因此边想边说是可以完成这些话题的。

又有一次在领导干部班的课堂上,我让底下的人给我一个字,我来做单字联想训练。后面人举手,给我一个"粪"字,还告诉我是米共。

我说:"谢谢这位朋友给我一个'粪'字。"农民有句话叫:庄稼一枝花,全凭粪当家。大家应该明白一个道理:没有大粪臭,何来五谷香。让我们从大处着眼,小处着手,恪尽职守,抒写自己的人生吧!

在这一段谈话里,如果有一两句特别别扭的话,稍微转换一下思路,立即扭转乾坤,让人一听就觉得有道理。比如"粪"字,本来臭气熏天,这边立即说"没有大粪臭,何来五谷香",立即就清风徐徐,春风扑面。因此人要不断地修炼自己,提高能力。以后在生活当中,看到任何一个字,都可以做出联想。

六、记忆促思维

1. 关于记忆

有一个成语叫博闻强记,在相对的时间里,逼着自己去背一些东西,往脑子里装一些东西,可以增加记忆力。在生活当中,有的朋友老抱怨自己脑子不行,记忆力不行。这样的人记忆力能好才怪!反之,经常说自己记忆力还不错的人,他的记忆肯定要好得多,而且通过锻炼以后会越来越好。

比如我们在《读者》上看到一篇好散文、好诗歌、好的卷首语,需要记住的时候,不要被它所吓倒。面对长的文章,要通读三遍,然后定几个小题目,小题之间找联系,然后一段一段往下记,这篇文章很快就能背会。

2. 记忆法举例

有一首诗叫《我骄傲,我是中国人》,作者是王怀让。里面有这样一段话:

在无数蓝色的眼睛和褐色的眼睛之中,
我有一双宝石般的黑色的眼睛,
我骄傲,我是中国人!

在无数白色的皮肤和黑色的皮肤之中,
我有着大地般黄色的皮肤,
我骄傲,我是中国人!

} 序言

我是中国人——
黄土高原是我的胸脯,
黄河流水是我沸腾的热血,
长城是我扬起的手臂,
泰山是我站立的脚跟,
我骄傲,我是中国人!

} 我的胸脯

高情商职场口才课：
魅力口才，张口就来

我是中国人——
我的祖先最早走出森林，
我的祖先最早开始耕耘，
我是指南针、印刷术的后裔，
我是圆周率、地动仪的子孙。
在我的民族中
不光有史册上万古不朽的
孔夫子、司马迁、李自成、孙中山，
还有那文学史上万古不朽的
花木兰、林黛玉、孙悟空、鲁智深。
我骄傲，我是中国人！ } 我的祖先

我是中国人——
在我的国土上，
不光有雷电轰不倒的长白雪山、黄山劲松，
还有那风雨不灭的井冈传统、延安精神！ } 我的国土

我是中国人——
我那黄河一样粗犷的声音，
不光响在联合国的大厦里，
大声发表着中国的议论，
也响在奥林匹克的赛场上，
大声高喊着"中国得分"
当掌声把五星红旗送上蓝天，
我骄傲，我是中国人！ } 我的声音

我是中国人——
我那长城一样的巨大手臂，
不仅把采油钻杆钻进外国人预言打不出
石油的地心；
也把通信卫星送上祖先们
梦里也没有到过的白云；
抬头，当五大洲倾听东方的时候，
我骄傲，我是中国人！
} 我的手臂

我是中国人——
我是莫高窟壁画的传人，
让那翩翩欲飞的壁画与我们同往。
我就是飞天，
飞天就是我。
我骄傲，我是中国人！
} 我是飞天

看到这样一首长诗，建议大家都把它背会。在任何时候，如果你朗诵这样一首诗，都会立即盘点出在这上下五千年中，中华民族都有一些什么成就，心中也会觉得很自豪、很骄傲。假如要背这首长诗，先通读三遍，然后定小题。我故意分开段落，前面两段可以给它定个小题目，叫"序言"；黄土高原这段，直接把"我的胸脯"作为一个小标题；下一段话叫"我的祖先"；接下来是"我的国土""我的声音""我的手臂""我是飞天"。这样就形成了一个记忆链条。任何事情有头有尾，开始是序言；直接往那一站，我的胸脯、我的祖先；我的祖先肯定在自己的国土上耕耘，就有了我的国土；然后在自己国土上要耕耘、要干任何事情，首先发出声音，要交流、要沟通，就是我的声音；然后我的手臂要劳动，接下来我是飞天。通读三遍，定几个小题目，几个小题目之间建立联系，然后一段一段往下记，这篇文章就背会了。

当你脑子里有这样10篇、20篇文章，你走到哪里都有话说。

PART

07

七个步骤出华章:
出口成章

要训练好口才，我们还要了解发声原理，然后做叹气实验，掌握练气方法、练声方法，通过练吐字法、绕口令法、朗读式训练法这七个步骤，使我们嘴皮子更溜，口出华章就有了依据。

一、发声原理

我们不一定要做播音员主持人，但是懂得发声原理，对提高自己的表达力、提升领导力、提升工作能力极有意义。

1. 振动发声

关于发声，有一个关键词叫振动发声，任何声音都是基于振动才有的，没有振动就没有声音。

2. 人的发声系统

(1) 声带

声带是人类发声的主要结构，位于喉腔中部，由声带肌、声带韧带和黏膜三部分组成，左右对称。我们平常照镜子看见喉咙口的两条白色的韧带就是声带。

(2) 气息

气息是我们用嗅觉器官所感觉到的或辨别出的一种感觉。我们吸气的时候,给身体补充氧气,呼气的时候冲击声带振动发声。而呼气是只要人活着就有气息,只要活着这个就用之不竭。

(3) 胸腔、口腔和鼻腔

我们的共鸣装置在胸腔、口腔和鼻腔。我们吸气补充氧气,呼气的时候冲击声带振动发声。它在振动时,有空气的地方就传导声音,在我们声带上下都有空气,当气息冲击声带振动发声时,它振动带动空气振动,当振动的空气波作用于鼻腔的时候,我们听到的是高音共鸣,作用于口腔的时候是中音共鸣,作用于胸腔的时候是低音共鸣。

人的发声系统是与生俱来的,一个新生儿啼哭的时候那样的响亮,就表明他具备了良好的发声条件。

二、叹气实验——体会掷地有声

1. 练声先练气

什么叫纯粹的声音，什么是良好的声音，我们可以做一个叹气实验，体会掷地有声的感觉。比如用"唉"来叹气，先轻轻地叹口气，轻轻地长舒一口气；再痛快地叹口气；再更痛快地叹口气；再伸个懒腰，马上解乏；最后，果断而坚决地叹口气。最后一声叫掷地有声，这叫纯粹的发声，没有任何杂念。

通过这个实验可以体会到，发声之前先吸气，吸气多少，大小深浅，与表达的内容有关系，因此就决定以后凡讲什么话，根据内容来，什么时候该急如惊雷，什么时候该徐如春风，这样就有了节奏，有了韵律感，这样就产生了美感。如果平铺直叙老是一个调调，就容易让人打瞌睡。

2. 声音大小按内容来

我们再发一个"地球"的音。如果你有气无力、面无表情地说"地球"，这么发音就不行，一听就是病恹恹的"地球",承载不了这么多人。要发"地球"的音,气息应该吸得深一点,吸足了气,吸得饱满一点,这种感觉,才叫生机勃勃的"地球",生机盎然,生活在这个星球上才幸福。

假如要发"乒乓球"这几个字,轻轻一下就可以了,如果吸足了气发"乒乓球",谁也别打了!因此,以后讲话看看什么内容,决定气息该不该足,什么时候该气息足一点,"啪"就扔出去,什么时候该徐如春风,要根据内容来。

3. 按空间

发声大小与空间也有关系。比如上午我认识了大兵,我问:"大兵今年多大了?"大兵近在咫尺,我离他很近,轻轻问他,他听见了就行了,不用大喊大叫。这就是空间。距离产生美,距离大了声音就得大一点。假如我们有个同学在楼前路的尽头,在街的最那头,你隔很长的距离喊他,要吸足了气,要能够喊得出去,够用才行。到内蒙古去,蒙古长调从草原深处发出最悠远、最雄浑的声音,从好远好远的地方传来,荡气回肠。再看看杨洪基老师唱歌,那么大岁数,往台上一站,那个声音还没出口,就觉得很有底气,"滚滚长江东逝水,浪花淘尽英雄。是非成败转头空。青山依旧在,几度夕阳红。"声音荡气回肠。

总之,发声之前先吸气,吸气多少与内容有关系,与空间有关系,这就决定了以后我们在不同的地方、不同的空间讲话,讲不同的内容,用不同的气息和声音。各位朋友,如果你觉得自己的声音不好,一定是气息不够,肺活量不够造成的。

三、练气方法——深呼吸

1. 三步骤

练气的方法叫深呼吸,深呼吸可简化成三个步骤:第一叫吸气,第二叫憋气,第三叫呼气。吸气的时候想象3米之外有一簇玫瑰花,含香带露,芬芳四溢,我们深情地闻花香,吸入一大口。吸足了以后憋住,憋着这口气,憋得没法再憋的时候缓缓呼出,吹灭3米之外一根燃烧着的蜡烛。3米之外的蜡烛吹不灭就散

PART 07 七个步骤出华章：出口成章

了，这时候要聚拢嘴巴、瞄准方向，开始时那个火苗无动于衷，慢慢慢慢忽悠忽悠，最后吹灭，这口气持续的时间要够长，才能达到练气的目的。

练气有一个成语叫气沉丹田，丹田在脐下。丹田分上中下丹田。一般意义上的丹田指下丹田，下丹田在脐下三指的地方。胸腹之间有一个横膈膜，看不见摸不着，但是它的确存在，就是吸气的时候，横膈肌下移，扩大胸腹之间的容量，吸足了以后，然后气沉丹田，丹田这个位置就瘪下去了，一摸硬硬的，气注生根了，这就叫气沉丹田。切记：吸气的时候不要耸肩，上身不动，闻花香，丹田没有明显地沉下去，就不叫气沉丹田。

经常练气非常重要，奥运之后北京出现蓝天的日子越来越多，空气也越来越新鲜，空气好，空气当中的负氧离子会越来越多，以后常做户外活动，经常做深呼吸，把肺里的废气喊出去。练一阵子你就会发现，做男人、做女人都挺好。不管男人、女人，练练深呼吸，你就有了挺拔的身姿，有向上的气质。你也可以在单位里做课间操活动，比如上午10点、下午4点，经常到户外活动,走出办公室,到外边哪怕活动5分钟,感觉都不一样。

2. 自我检查:出东门,过大桥……

气息够不够,肺活量够不够,用这样一个顺口溜、绕口令来检查自己,一口气说出以下这段话来,才叫基本合格:出东门,过大桥,大桥底下一树枣,一个枣、两个枣、三个枣、四个枣、五个枣、六个枣、七个枣、八个枣、九个枣、十个枣;十个枣、九个枣、八个枣、七个枣、六个枣、五个枣、四个枣、三个枣、两个枣、一个枣。

这是一个绕口令,一口气说完才算好。如果你数枣只能数五个,说明你身体太差了,赶紧休假,赶紧休养。数的时候不能稀里糊涂的,一个枣、两个枣、三个枣……要很清晰,不要含糊,这样才行。练气要经常按照这样去做,这是深呼吸。常练深呼吸,人活一口气,这口气冲破天,跺塌地,养浩然之气,要顶天立地,有那种圣贤气象,要气冲霄汉,气吞山河,有气派、有气魄、有气概。

训练自己口出华章

我们不一定要做主持人,但是懂得发声原理,对提高自己的表达力、提升领导力、提升工作能力很有帮助。

绕口令是练口才的一个好方法,在口语训练中既有趣又有效,对纠正发音,锻炼舌肌十分有益。

朗读可以增加一个人的韵味,通过长期朗读可以提升口才。

四、练声方法

练声也可简化成三个步骤,叫:预声带、练嚼肌、挺软腭。

1. 预声带——发气泡音

声带跟随人一辈子,刚出生时我们的啼哭声那么的响亮,宣告我们来到这个世界上,走的时候还倒着气交代后事:那个毡子底下还有钱。既然声带跟我们一辈子,那么我们就要善待它,要锻炼它。预声带就是预热声带,对声带进行按摩,是用气息冲击它。用最小的气息冲击声带振动发声,让这两条声带打哆嗦,好像发出一串气泡声似的,发出打嘟噜的声音,这就对声带进行了按摩,让它处于最佳的柔润状态。

电视台的播音员、主持人经常这样练,包括演艺界的人士都知道预声带,就是发气泡音来按摩声带,经常练一练,这个不影响别人,在外边就可以随时随地练。

2. 练嚼肌——开口嚼、闭口嚼

(1)开口嚼

老板、老板不是老板着脸,领导、领导也不是在那老装着我是领导。和颜悦色、展开笑容,那种亲和的力量是任何东西都无法比拟的。因此,任何时候都要缔造自己的亲和力,保持笑容,微笑是巨大的资源。经常练练嚼肌,也就是张着嘴,揉搓着我们的脸部、嘴巴周围,这样可以让我们的面部表情更活跃,表情达意更准确。因为这个面部表情是由很多条肌肉在拉动的,因此让它配合特别重要,这是练开口嚼。

(2)闭口嚼

就是闭上嘴巴,嚼口香糖,适当地磕磕牙,经常想象你的牙齿非常坚固,可以咬断钢丝。给自己这样一个暗示,你会越来越棒。口腔保健特别重要,一个人口气清新、唇红齿白,会给人留下良好的印象。

3. 挺软腭

软腭在我们口腔里,口腔上边叫上腭,上腭的前半部分是硬腭,后半部分是软腭。挺软腭是发声学里最重要的一个步骤。软腭这个地方不挺起来，音响就密闭，没有空间，就没有声音。因此挺软腭是特别重要的一个步骤。挺软腭，从发声学的角度来讲，要圆的，不要扁的；要竖着的，不要横着的。不挺软腭发音就是平平的，你在讲话时，动作也很洒脱，讲的也很帅，但是别人却听不清楚。

那么，怎么挺软腭？拿一个大苹果，不要急着咬掉，挺软腭不是猛张嘴，不是学鸭子叫，而是槽牙打开，发出啊、啊、啊的声音。软腭一挺起来，有气息支撑，就成帕瓦罗蒂，就有感觉。北京有很多艺术团体，还有很多艺术院校的学生，他们经常早上起来练声。中央音乐学院周边马路上的小树林里，也有人练声，早上人家起来找感觉，循序渐进，开始声音还很低，后来声音越来越高。要成为歌唱家、艺术家，不练声不行。受过声乐训练的人，人家说话感觉就不一样。所以，要经常练声，做人要鲜活，不要死气沉沉，尤其是年轻有活力的人，老同志也应该充满活力，老得一颗牙也没有，一笑一朵菊花，童心写在脸上。

用诺言的"诺"发成平声，咬字要清晰、准确、有力，nuo nuo nuo nuo nuo，发nuo的时候，嘴唇要用力，软腭要挺起来，唇齿舌要配合，才能有力。中国传媒大学播音系的学生，老师要求他们每次吐字都要像嘴里含着一个乒乓球，发声就像乒乓球打在墙上，声音干脆利索，唇齿舌配合，字正腔圆，腔圆才能字正。

五、练吐字法

练吐字法，一个字有字头、字腹、字尾，也就是声母、韵母、韵腹、韵尾等各音素毫不含糊地既读清楚又连贯起来。

比如奖状的"奖"，j-i-ang奖，如果要拼音的话，你把它的每一个部分都读准确了，那个字就立得住，声音就会非常清晰，就好听。再如m-ei美，y-ang央，m-i-ao苗。给它读准确了就饱满了。以后经常字正腔圆地去读一些东西，感受一些东西，经常锻炼语感，就能说好一口普通话。

咬字千斤重，听者自动容，以后凡是讲话都要投入一点、认真一点，当你全身心地在表达一个内容的时候，就会让别人觉得有效果。

六、绕口令

绕口令是练口才的一个好方法,在口语训练中既有趣又有效,对纠正发音、锻炼舌肌十分有益,程序由简到繁,由短到长,由慢到快,要求清、准、快、连,清晰、准确、快速、连贯。清晰是第一位,口齿要很干净、很利索、很清晰,这是一个永远要修炼的东西。看这样一则例子。

> 对面有个白粉墙,白粉墙上画凤凰。先画一只黄凤凰,后画一只绯红绯红的红凤凰。红凤凰看黄凤凰,黄凤凰看红凤凰。红凤凰,黄凤凰,两只都是活凤凰。

读东西的时候,脑袋里要有画面感,要调整自己的情绪,把内容读出来,就好像两个人对话。或者老板给部下布置任务,把内容实实在在地读出来,不是一味地求快。再看几个例子。

PART 07 七个步骤出华章：出口成章

九与酒

九月九，

九个酒迷喝醉酒。

九个酒杯九杯酒，

九个酒迷喝九口。

喝罢九口酒，

又倒九杯酒。

九个酒迷端起酒，

"咕咚、咕咚"又九口。

九杯酒，酒九口。

喝罢九个酒迷醉了酒。

玻璃杯和白开水

玻璃杯倒进白开水，

白开水倒进玻璃杯。

玻璃杯倒进白开水就成了装白开水的玻璃杯。

装白开水的玻璃杯倒进白开水，

白开水倒进装白开水的玻璃杯。

高情商职场口才课：
魅力口才，张口就来

牛郎和刘娘

牛郎恋刘娘，

刘娘念牛郎。

牛郎年年恋刘娘，

刘娘年年念牛郎，

郎恋娘来娘念郎。

念娘恋娘，

念郎恋郎，

念恋娘郎。

  这是最难念的绕口令，这则绕口令可以念得人仰马翻，n、l不分的人念可以纠正发音。当然，要想轻松地把它念好，需要花工夫。以后读不准确的东西，念得不够好的时候，降低节奏，慢一点。然后再循序渐进，不能一味地求快。港台歌星说普通话的时候，很多人听不懂，但是他们一唱歌，就好像他们的普通话都是一级甲等似的，就比如张明敏一唱歌："河山只在我梦萦。"每个字都咬得极准。再看田径运动员，绑着沙袋练跑步，一开始每跑一步都很费劲，这么练一阵子以后，解开沙袋再跑的时候就很轻松，这叫超负荷训练法。

在这里告诉大家一个办法，就是以唱练说，比如这段话很难念，你念不准确的时候，你就赋予它你自己喜欢的歌的曲调然后唱出来。唱两遍再回来念的时候，你就会发现轻松了很多。

化肥会挥发

h-f不分者练习：

灰化肥，

黑化肥。

灰化肥发黑，

黑化肥发灰。

灰化肥挥发会发黑，

黑化肥挥发会发灰。

四是四，十是十

z、c、s、zh、ch、sh不分者练习：

四是四，

十是十，

十四是十四，

四十是四十。

谁说十四是四十，

就罚谁十四，

谁说四十是十四，

就罚谁四十。

分音诗练习：

向着苍天歌唱，

不再伤心沮丧，

不要张狂和肮脏，

实事求是茁壮成长。

有些地区，z、c、s跟zh、ch、sh不分，其实多加强练习就可以。以后读什么，要字正腔圆，要有感觉，比如"向着苍天歌唱"，就要有苍天在上的感觉。

七、朗读式训练法

朗读可以增加一个人的韵味,林肯长期以来朗读,就是想通过朗读锻炼口才。其做法是:低声→高声→快速→模仿角色→面对听众。如此训练使林肯获得了良好的口才,这也是他由律师迈向总统宝座的重要基石。

像话剧演员表演《李尔王》《哈姆雷特》,他们也需要经常朗读一些东西。拿到一个东西,先低声走一遍,知道它整个的故事走向,再高声读出来,快速模仿角色,最后面对听众,要一次次地排练,找语感,这些办法非常有用。

记住从今天开始,经常朗读一些东西,比如:你喜欢的一篇散文,你跟着朗读,你把那个散文放到桌面上,一个星期找固定的时间去读它,经常读,书读百遍,其义自见,读才有感觉。我们的唇齿舌需要一次次的配合才有感觉。再看影视作品,影视作品是艺术,源于生活又高于生活,现在影视作品很多都有字幕,你不妨进入角色,跟着说一说。

高情商职场口才课：
魅力口才，张口就来

例一，影片《高山下的花环》中雷军长的战地讲话，我们来熟悉一下：

我们的大炮就要万炮轰鸣，我们的铁甲车就要隆隆开进！我们的千军万马就要去杀敌！去拼命！去流血！可就在刚才，有那么一位神通广大的贵妇人，她竟有本事从几千里之外，把电话打到我这前沿指挥所……她来电话干吗？她来电话要我给她的儿子开后门，让我关照她儿子！奶奶娘，走后门，她竟敢走到我这流血牺牲的战场上！我在电话里把她臭骂了一顿！我雷某不管她是天老爷的夫人，还是地老爷的太太。走后门，谁敢把后门走到我流血牺牲的战场上，没二话，我雷某要让他儿子第一个扛上炸药包，去炸碉堡！去炸碉堡！

例二，电视剧《亮剑》，现在的重播率特别高，里面有很多经典台词，看看李云龙，好像没上过什么学似的，但他的语言极富感召力，看看下面一段话：

PART 07

七个步骤出华章：出口成章

(对战士)我们团要像野狼团，我们每个人都要是嗷嗷叫的野狼！吃鬼子的肉，还嚼碎鬼子的骨头。狼走千里吃肉，狗走千里吃屎，咱独立团啥时候吃肉，啥时候改善伙食啊？那就是碰到小鬼子的时候！（战士哈哈大笑）

我们来分析一下他的语言风格。他这种语言极具感召力，让全体战士感觉就不一样，语言具备煽动性，几下就把独立团战士低落的士气给煽起来，让战士克服了对鬼子的畏惧心理，鼓舞了八路军战士的斗志。

还有一个细节，我记得很清楚。赵刚是独立团政委，李云龙是团长，秀琴是地方政府妇女队长。有一个令人印象深刻的细节是秀琴晚上做鞋子，赵刚跟秀琴谈话，政委永远文绉绉的："秀琴同志，地方政府这么支持我们，我们只能多打胜仗，才能报答地方政府对我们的支持。"李云龙过来以后，他自己换了一副笑脸，说："秀琴大妹子，老娘们晚上做鞋子，老爷们白天打鬼子，我们是一家人，以后有什么困难，跟我李云龙讲,我独立团一定帮您办,因为我们是一家人。"

总之,看电视的时候,底下都有字幕,哪怕播新闻,你都可以跟着说一说,培养语感。比如看《动物世界》,一看到幽美的画面,缓慢的节奏,跟着他说一说。"夕阳西下的非洲大草原,富饶辽阔,美丽多姿,碧绿的青草散发着迷人的幽香,各种动物尽情地奔跑着、跳跃着,一切都显得那么生机勃勃。"赵忠祥的声音很富磁性。跟着他念,可以帮我们找语感,把练口才融入自己的生活当中来。

下面有一段文字,自己慢慢读,培养语感。

什么是幸福,一直以来,以为幸福在远方,在可以追逐的未来,于是我的双眼保持着眺望,双耳仔细聆听,唯恐疏忽错过,后来才发现,那些握过的手,唱过的歌,流过的泪,爱过的人,所谓的曾经,就是幸福。所谓的曾经就是幸福,新的开始、新希望、新的一天、新阳光,让我们开始新的追求,播下新的梦想,翻开新的一页,写下新的辉煌,我要用全身心的爱来迎接今天,因为这一切是成功的最大秘密。强力可以劈开一块盾牌,然而只有爱心,才能打开对方的心扉。我的理论也许他们反对,我的言谈也许他们怀疑,我的穿着也许他们不喜欢,我的长相也许他们不喜欢。

总之,在锻炼的过程当中,有时候明明做错了,没关系,错了重新来过,一切大大方方,练口才要循序渐进,不断地、慢慢地、经常性地去锻炼口才,将之融入我们的生活当中去。

PART

08

八面来风神飞扬：魅力绽放

从以下八个方面入手可以保证自己讲话的时候神采飞扬。

一、态势语训练

在听课的过程当中,我们听到的叫有声语言,看到的叫肢体语言,也叫态势语言。老师也好,领导也好,往那里一站,要表现出自己良好的状态。

我们说话的时候,眼神、表情、手势、动作,整个身体姿态有的时候要鲜活,要活动,要有感觉,如果一堂课一直坐在桌子后面,露一个脑袋,就切换讲点知识,这样就缺了很多趣味。因此,建议各位以后能站着就不坐着,而且一定要脱稿讲话,随时随地锻炼自己的讲话能力。有多少人拿打印的稿子念一遍还念不到位,这就不太好了。因此以后经常性地调整自己,锤炼自己语言的流畅性,加上态势语的表现,使自己说话更有感召力。

态势语言包括表情、眼神、动作,是用整个身体姿态和动作等来表示一定语义、进行信息传递的一种伴随性无声语言。有声语言仅仅是一个部分,伴随着有

PART 08 八面来风神飞扬：魅力绽放

声语言的表达，还存在一种依靠面部表情、手势和身体姿态动作来辅助表达思想感情的无声语言，我们称之为态势语。

1. 把自信写在脸上

自信非常重要，我们要永远把自信写在脸上。当年有一个女孩看上我，我是未婚青年，我也特别喜欢她，但她的父母都是领导，坚决不同意，说我是王家岗人，山沟里的，门不当户不对。我这个人一贯有很强烈的自信心，我就决定找未来岳母谈一谈，我说了三句话。我说："阿姨，您不同意您的女儿嫁给我，说明您有您的标准。"这句话让她觉得这个小伙子表达得很明白，她就点点头。第二句我说："阿姨，您不同意女儿嫁给我，说明您觉得我没有达到您的标准。"她就更点头。第三句我说："当您真正了解我之后，您会知道我超出您的标准有多远。"后来她就同意了，再后来我跟她女儿结婚了，过得很幸福。所以，自信才能成功。

2. 全情投入，感人肺腑

经常有人问我，演讲那么多场，哪场最精彩？我每次都回答永远是下一场，因为我每次都认真对待自己的课堂，我无比热爱这个岗位，热爱是最好的老师。我经常飞来飞去，去各地上课，北大清华安排的课特别多，我几乎天天在讲课，但是状态几十年如一日，保持这种鲜活的精神。

有媒体报道说李真顺演说如狂飙呼啸、撼人心魄。我会彻底地跟大家分享我的感受和体会，并不是我的学问比谁都大，而是我大大方方地表达我的观点，全情投入，才感人肺腑。

3. 有效传播

在传播中，有效传播文字占7%，声音占38%，态势语言占55%。态势语言这些东西不用翻译，即使老远听不见老师在讲什么，但看到那种状态，也能够分享一堂精彩的课程。

4. 手势大气，语势流利

记住：从今天开始，彻底地在脑袋里建立态势语的概念，生活当中我们也应该做出这种感觉。比如等电梯时，电梯一到："来，大哥，您请。"做出一个请的手势。在机关单位里："局长，您慢走，慢点开，明天上午九点给您汇报工作，保证完成任务，您老慢走，再见。""老刘，您的象棋在我办公室，回头来拿。""明天我请你喝啤酒。"语言很鲜活，回到家里表扬老妈："妈，您一定是看菜谱了吧，炒得不错。"夹菜放嘴里一吃，老太太幸福极了。看见一个孩子哭得死去活来："怎么了孩子？找不着爸爸了？跟我走。"把他送回家去。经常鲜活一点，举手投足要有一种感觉，见人打招呼，不要小家子气，要大大方方的。手势大气，语势流利。

5. 振臂一呼，应者云集

有时候我们振臂一呼，应者云集。在演讲当中，请注意周边观众，没有走神，而是真的在听演讲。人生在世要有一种精神，你认为你能成为什么就会成为什么,就像今天的李真顺,虽非栋梁材,绝非寻常木。

有一次,有一个女企业家听了"虽非栋梁材,绝非寻常木"这两句话后倍受激励,非常激动。她说我这两句话说得太棒了,我请她上台分享感受,她上台后说:"大家好,李老师刚才说的'虽非栋梁材,绝非寻常木',太重要了,就像我虽然不是什么栋梁之材,但绝不是一般的木头,可以当柴火烧掉的。我是搞企业的,我也遇到很多困难,但是我今天有这种精神。各位,我也当众承诺,我虽非金凤凰,绝非寻常鸟。"

生活当中,如果有这种情怀、这种精神,工作起来难度要小得多。成功者立长志,失败者常立志,任何事情一旦下定决心,事情就成了一半。这种情怀在工作当中,遇到问题就不叫问题了。

6.一招一式,用心体会

表达一个东西有没有态势语,完全不一样,态势语既能增强记忆力又具有感召力,何乐而不为!我们在各个地方训练,学员们都是一招一式用心体会的。

八面来风神飞扬

举手投足有感觉,大大方方的。手势大气,语势流利。

一招一式,用心体会。表达一个东西有没有态势语,完全不一样,态势语既能增强记忆力又具有感召力,何乐而不为!

生活当中,如果有这种情怀、这种精神,工作起来难度要小得多。

7. 举止大方，春日暖阳

我经常应邀到全国各地去发表自己的演讲，每次都是真情实感、直抵心灵，每上一堂课都像过年似的，兴高采烈，这样才不会觉得累。其实每天的工作强度极大，既需要脑力更需要体力。因此要想有成绩，必须要有好的状态。要达到好的状态，首先要在心里鼓励自己：我很棒，我有良好的心理状态、有体力、有智力，我有智慧，我很聪明。要有这种感觉在心里，然后再将这种感觉反映在自己的举手投足之间，会给别人一种积极向上的感觉。

8. 态势语大原则

态势语的原则是一切做开放式动作，除非特定内容，不做封闭式动作。

某天我在一个场合看到一个领导在开会，他说："同志们，今天是6月30号，时间过半，任务过半，我想不用等到12月底，在9月底之前，我们就可以完成全年的指标，各位有没有信心？""不要笑，再问一遍有没有信心？""尽管你们在笑，没回答，但我相信是有的。""各位，有没有？"信心一次次被他掐死在摇篮里。

开放式动作就是要举就举起来，要挥就挥出去，要张就敞开胸怀、拥抱世界，有了改革开放，才有了春天的故事。一切大大方方，这不是张扬，这是活得潇洒、有热情、有活力。

9. 李氏态势语具体参照记忆诀

直面听众表陈述，侧位以视顾全部；
昂首动情发正言，低头思索复悲怜；
点头Yes摇头No，眉眼姿态把心扣；
面部开合随心迹，手势动作应注意；
伸手前方表号召，拳头上举强有力；
脚步前移表希冀，后退暗含消极意；
文无定法文成立，态势语中无奥秘。

10. 常用主要态势语言

态势语言要有眼神、表情、站姿、手势。下面一一做介绍。

(1) 眼神

①眼神交流七法

眼神交流有七法：前视、环视、侧视、点视、虚视、仰视、俯视。

前视是我们一般看人的眼神交流，是最常用的。而点视比如电话一响，你往那里一看，就像打枪眼点射，那边就绝对停了，这叫点视。

我们有时候上台面对那么多人，心里紧张，这时候我们就虚视，谁也没看，但是一大片全在心里，是完全模糊的，这个时候脑袋里想的是自己的内容，回想自己的123就可以了，然后分享你的东西，大家就沉浸进去了，这叫虚视。

看那朵云飘得多棒，这叫仰视。见鬼去吧，一切反动派都是纸老虎，这是俯视。

②如果大家眼神里还有疑惑的目光，就需要再解释一遍。

③看鼻梁，看眉心——让他听见；看眼睛——听到心里去。

(2) 表情

表情要自然放松,要与所讲的内容一致。

(3) 站姿

①要站稳,也可走动。

②双脚与肩同宽,手自然下垂。

③身体前倾,表示亲切。

一定要站有站相,坐有坐相,可以来回走动,但是脚下有根,不是那种虚的、飘的,要很稳重。换句话说要压台,要沉着。

(4) 手势

在所有的态势语里面,手势幅度最大,影响最广,从肩到肘到腕到掌到指,幅度最大。有没有手势,感觉会不一样,以后要大大方方地去做。

①上、中、下三区的运用

手势分三个区位,肩部以上,就是超过肩部高度的叫上区;肩腹之间为中区;腹部以下为下区。上区表示号召,那些积极、倡导性的语言在上边,中区表示叙述,下区表示鄙视。

比如看以下一段话:"在座的各位朋友,大家好,今天在这里上课我非常高兴。还有电视机前的朋友，虽然看不到您的面容，但我知道，您有一颗火热的心在听课。作为老师也好，作为朋友也好，在这里能够看到这么多朋友在认真听课，我真的很高兴，我愿意去交流，知无不言，言无不尽，愿意跟大家做交流。"这些话都是叙述性的语言，在中间做手势，怎么做都行。

再比如这一段话："通过今天的学习，我建议在座的朋友，把学到的东西用于自己的实践，带到生活当中去，提高表达能力，提升各自的工作能力，把工作做得更好。祝福各位，明天更美好，祝福大家在未来的日子里能够一展雄才，举步生辉创伟业，祝愿每一个人都能够前程似锦。"这是倡导性、积极性的语言，因此手势应该在上区。

②手势的含义和使用原则

首先是根据场面的大小来确定使用什么样的手势。场面大，手势大；场面小，手势小。肩，表示力量；肘，表示亲切；手势应该停留足够长的时间，并做出3到5种手势。手势使用的大原则是自然、协调。

③手势区位练习

中区:一只手,手心向上

　　看那美丽的桃花,开得多热闹啊!
　　美好、成功、幸福的生活,是人心所向。

中区:两只手,手心向上

　　我要向所有的朋友,宣布这一好消息。
　　让我们点起篝火,载歌载舞吧!

上区:一只手,手心向上

　　一眨眼的工夫,他就爬到了树顶。
　　攀登吧!无限风光在险峰。

上区:两只手,手心向上

　　我亲爱的祖国,我能为你做些什么呢?!

高情商职场口才课:
魅力口才,张口就来

欢呼吧!跳跃吧!我们成功了!

下区:一只手,手心向上

谁在这里挖了陷阱?谁在这里丢掉了良心?
与人民为敌者,必将被人民埋葬。

下区:两只手,手心向上

他自己不争气,我们又有什么办法?
仁慈的人大声疾呼:"和平!和平!"
但是没有和平。

中区:单手,手掌竖立

凡事都有尺度,不要过分。
一不留神,他被人推出了界外。

中区:双手,手掌竖立

PART 08

八面来风神飞扬:魅力绽放

大胆念,读完这完整的一段!

我们的胜利是决定性的。

上区:单手,手掌竖立

壮哉! 当机立断的英雄!

干吧! 干他个轰轰烈烈,无愧天地。

上区:双手,手掌竖立

人们奔走相告:胜利了! 我们胜利了!

道路是曲折的,前途是光明的,让我们同心同德! 让我们众志成城! 让我们共享明天!

适当的时候一个手势,能提高很多感觉。以后大家到歌厅唱歌的时候,不要扭扭捏捏,不要拿起个话筒对着小屏幕。凡开口讲话,凡唱歌,立即退到一个能够不影响到任何人的视线里,退到一个能够掌控全局的地方,谁都看得见你的地方,开始唱歌。要有前言后语，一切大大方方，比如把《春天的故事》献给大家，即使跑调，也大大方方往那里一站，说："这些年生意成功，主要靠各位的捧场，谢谢各位大哥大姐，在这里献上一首《春天的故事》。"大家会觉得你真的很棒，你的自信会感染别人。

二、演说心理训练

金杯银杯不如口碑，金奖银奖不如别人背后的夸奖，金房银房不如走进人的心房。开口讲话、说话办事，都是想走进对方的心里，说了半天没有任何效果，还不如不说。得人心者得天下，你再大能耐、再大官、再大腕、再有钱，让别人见到你都敬而远之的时候，就什么也没有了。

请永远记住，要学会赞美，点头微笑说"是的"。另外要学会感恩，福往者福来。每个人都是一块磁铁，你想什么就会吸引什么；生活是面镜子，你怎么对待它，它就怎么对待你。因此，我们要拿出一个好的感觉对待生活。

三、演讲魅力训练

要想在演讲时发挥出个人的魅力，必须进行适当的学习与训练。根据我多年的讲学及体验，事先准备好适合演讲场合使用的一首诗、一首歌、一个故事、一个笑话、一副对联，在合适的时候用一下，就会游刃有余，风格独到，令听众兴趣盎然，起到很好的效果。下面举几个例子。

1. 代表作

今天是知识爆炸的时代，哪个方面欠缺点知识不丢人，但是要学一个东西，就要把它彻底变成自己的。哪怕是唱一首歌，把一首歌唱得有意义，往那里一站，这就是你的代表作。把一首诗朗诵得很好，不用唐诗宋词什么都会，而是一个一个积累，学一个东西就彻底地记在脑海里。公司、单位经常搞联欢要聚会，动不动要出节目，大家上台展示才艺，积极表现自己，增加自己的感觉。在饭桌上你说个谜语，讲个笑话，都可以看作是你的魅力。腹有诗书气自华，你说朗诵首诗助兴，人家马上把你高看一眼，你也不含糊，拿起话筒往那一站,"鹅、鹅、鹅,"全场都说这朋友搞笑,三岁的孩子都会。要想搞定别人,首先搞定自己,你马上就说:"好,谢谢各位。"大家在笑的时候,你也有话说。"谢谢大家,看来这首诗的群众基础还是比较广泛的,此时此刻重新朗诵给大家,为各位助兴。鹅、鹅、鹅,曲项向天歌,白毛浮绿水,红掌拨清波。好,谢谢各位,我希望在座的各位,放下一些东西,减缓一些压力,健康是第一位的。希望大家能够在礼拜天的时候,走出户外到郊区旅游一下,到青山绿水里徜徉一下,看看花红柳绿,看看鸭子戏水。各位,真的要过出这份感觉,生活是美好的,让我们热爱生命,祝福大家。"

人家让你出个节目,你上台给大家背诸葛亮的《出师表》,人家没时间听这个,不在于多高深,而在于你精彩的表现,拿出自信与从容。因此注意事先准备一首诗、一首歌、一个故事、一个笑话、一副对联,一点点积累,多加演练,用到的时候你就能够发挥出来。

2.新希望

结合个人演讲魅力训练,给大家一首诗。

PART 08 八面来风神飞扬：魅力绽放

新希望

新的开始新希望，

新的一天新阳光，

让我们开始新的追求，

播下新的梦想，

翻开新的一页，

写下新的辉煌！

总之，要学一个东西，就要彻底地把它变成自己的东西。比如这首诗，背会了成为自己的，走到哪都可以用。

领导们经常开务虚会，务实是工作作风，脚踏实地去干；务虚是搞准方向，方向永远比速度更重要。因此领导是把舵的、掌握方向的，领导到现场不用说那么多话。如果在一个单位里，领导一竿子插到底，什么都管，这样的公司绝对乱套。一定要学会授权，授权不等于弃权，领导是把握方向的。

结合我们的实际，这段话也可用在我们的日常生活中，比如乔迁之喜可以用，也可以用它来辞旧迎新。

除此之外,结婚、离婚也都可以用。有一次,有一个学员说离婚可以用,我立即觉得这句话说得不够妥当,我立即补台,说离婚就算了。那个学员特认真,说:"李老师,能用能用,离婚的时候送人家走,这是很深情的谈话。一日夫妻百日恩,谢谢你这么多年对我的呵护,我希望你幸福,新的开始新希望,新的一天新阳光。"

因此,学一个东西,就要把它变成自己的东西。文化,叫外学文而内化,内化成自己的一言一行、一举一动。学了很多,自己没有内化等于没学,学了之后,吸收成自己的东西。往那一站一看就是个素质很高的人、有能量的人,可以担当重任的人。因此,要在自己身上引起变化,学一个东西要在自己身上得以体现。

新的开始新希望,这段话给很多人带来感觉、带来收获。多少年轻干部在述职的时候,在述职报告的最后以这段话结尾,他们这么说:"各位领导,在今天述职报告的最后,我想以一首诗结束我的谈话,这首诗叫《新希望》:新的开始新希望。新的一天新阳光,让我们开始新的追求,播下新的梦想,翻开新的一页,写下新的辉煌!请各位领导放心,我会带动我的团队恪尽职守,把工作做到一流,请放心,请考察。谢谢!"因此,这首诗是真的好用,是真的有意义。

总而言之,一段一段往自己脑袋里塞,今天五个、明天十个,等哪天脑袋里有五百个的时候,你走到哪都有话说。

3. 领导干部口才树

任何一个管理者,都可以看作是领导。一人是人,两人为从,三人为众。走到这个社会上,要不断地增强领导力。在这里有一棵口才树,一棵参天大树,有树根、树干、树冠。根相当于一个人的心理素质。树干是脑子训练、口语表达训练、态势语训练、演说心理训练。树冠总结一个说法就是,站有站相,坐有坐相,礼仪好;有头有尾,完整才美;金房银房,不如走进人的心房;干得好,说得好,才是好领导!也就是说,领导既要干好又要说好。

四、"U"母音哼歌

用"U"母音去哼歌,可以锻炼自己的语言、气息和嗓子。发"U"的时候,感觉身体都是圆的,我们的呼吸道是圆的,五脏六腑是圆的,身体是圆的,才能发挥它。

用这个方法,落实到生活的任何角落,让你的生命当中充满歌声、充满快乐。常发"U"母音,以这个唱歌,它会对五脏六腑起到按摩的作用。更重要的是,可以让自己的气息更加畅通,对嗓子保健、对发声都极有好处,此外,还对口腔唇齿舌的配合也有益处。

走在路上,自己高高兴兴哼歌,发"U U U",经常那么做,什么歌你都可以去哼。总之,当我们发"U"母音的时候,会感觉整个身体都是舒展的。以"U"母音哼熟悉的歌,坚持日久一定受益良多。

五、讲故事

讲道理不如讲故事,绘声绘色完整地讲个故事,通过一个故事明白一个道理,以后阐述理念,更容易让人接受。讲故事可以给别人带来很多快乐,还能带来很多的感悟。

PART 08 八面来风神飞扬：魅力绽放

1. 老虎不在家、猴子称大王

老虎不在家，猴子称大王的这句话，大家都知道。但这句话怎么来的，你知道吗？

从前在一个山里，有一对老夫妻养了一头驴，这头驴膘肥体健，被山里的小偷和老虎同时惦记上了，老百姓有句话叫不怕贼偷，就怕贼惦记。在一个月黑风高的晚上，老虎来吃驴，老虎刚一着地，就听到老两口在对话，老太太问老爷子："老爷子，门闩好了没有？我听外边有动静，别让老虎进来把驴吃了。"这时候下着点雨，老头说："老虎倒不怕，就怕下雨时间长了屋漏。"老虎刚着地，听到的是不怕老虎，怕屋漏。它就想屋漏是什么东西。

正在这个时候，小偷来偷驴，蹑手蹑脚来到院内，一看一个庞然大物，自己高兴之极，驴！然后纵深一跃，骑上了虎背。老虎在想，这是谁呀？肯定是屋漏。它撒腿就跑，跑得特别快。小偷这时非常高兴，这头驴偷得太值了，马力这么强劲。天蒙蒙亮的时候，他突然发现胯下不是驴，是老虎，他吓得两腿直打哆嗦。那个老虎在想,这个屋漏还嫌我跑得慢呢,所以它越跑越快。小偷在这种情况下,也知道逃命。路过一棵树下的时候,他纵深一跃,搂住了一个树杈子,上了树。

这只老虎觉得身上轻了,但不敢停下来,继续跑,最后气喘吁吁来到深山,被猴子看见了,猴子一看老虎慌成这样,就问:"虎大王,何事惊慌?"老虎就把碰到屋漏的事,讲给猴子听。猴子知道是怎么回事,它心想:哪有屋漏!但是老虎天天欺负我,我借这个机会,敲打敲打老虎也不是不可以。于是它说:"虎大王,您带我去看看,如果是屋漏,我就冲您眨眼睛,您再跑不迟,如果不是屋漏,别让人给你蒙了。"老虎心想:有道理。于是猴子大摇大摆骑上虎背,还离好远呢,看到那个人还在树上打哆嗦,于是给老虎吓得够呛,说:"猴子,屋漏!"猴子心想果然不出所料,那是人,哪是屋漏!但是它冲老虎眨眼睛,老虎觉得这是屋漏,又跑了。

一个礼拜之后,它们俩在山里又碰到了。老虎问猴子:"猴子,屋漏呢?"猴子说:"屋漏谁都不怕,就怕我猴子,我一去他就跑了。"老虎自己羞得面红耳赤,心想：我是山大王，兽中之王，它不怕我，敢骑我，但它居然怕猴子。自己觉得这个山大王当得够窝囊的。于是对猴子说："你当这个大王算了。"猴子自己知道是怎么回事，于是推来挡去，最后它们俩达成共识，老虎不在的时候猴子当，这就是"老虎不在家，猴子称大王"的来历。

讲故事悟道理，赋予它典故，这叫文化建设、品牌建设。有一个成语叫邯郸学步，去过邯郸的人都知道，那个学步桥就是很破烂的一个桥，但正因为有那个典故，所以谁去了都到那里走两步，跟邯郸学走路，所以当地的旅游收入大大增加。

2. 幽默中的智慧

生活中的语言艺术运用得好，不但可以调节生活氛围，也可以显示出说话者的幽默与智慧。有人评价我国著名漫画家丁聪是"事业上的高智商，生活中的低能儿"，当然这是一种笑谈。丁聪公开宣称自己怕老婆，把一切交给夫人沈峻包办，这一包办就是53年，因此在生活中他总是很依赖妻子。有记者去丁聪家专访，

高情商职场口才课：
魅力口才，张口就来

听到他对着夫人沈峻高喊："家长！家长！"回答记者问题时，总是要看"家长"的意思，对沈峻的依赖表露无遗。他更是被人笑称为文化圈里有名的"怕老婆"。

一天，记者与丁聪的夫人沈峻女士聊天时，丁老便竖起耳朵凑过来听，并不时参与讨论，这样一来影响了摄影记者拍照。于是，夫人沈峻便大声"呵斥"道："这边不干你的事，你只管做你该做的工作，眼睛要专注地看着镜头，不要瞟过来！"丁老便立刻坐正身子，迅速将刚凑过来的脑袋收了回去，并假装一副无奈的样子询问道："请问领导，那我能不能用耳朵听呢？"如此顽童，可爱至极。

有人问丁聪："你身体这么好，有何养生之道？"他回答说："大概是有个好饲养员吧。饲养员就是我老伴，她做什么，我就吃什么，从不挑食，不挑食的孩子就是好孩子。"当然，丁聪所谓的"不挑食"仅限于肉类，至于蔬菜，他是难以下咽的。对此，丁聪的看法如下："我的理论是顺其自然，想吃说明身体需要，不想吃说明不需要，何必勉强呢！所以，我是想吃什么吃什么，当然还要在老伴的管束之下——我什么也不会做，因此只能逆来顺受。"丁聪将老伴称为"家长"，他的幸福感便表现在他不时地向朋友们抱怨"家长"的管束。名为诉苦，实为夸耀，丁聪正是运用这种独特的方式向老伴进行柔情倾诉的。

丁聪名义上怕老婆，实则是他大智若愚的体现，他正是通过自己语言表达上的"愚"和"痴"来换取妻子的疼爱，这比夫妻间针锋相对地争执更有利于婚姻关系的稳定，这种说话艺术应多加练习，更要经常使用。

六、活舌操

活舌操是锻炼舌肌的口腔操，坚持锻炼定会口齿清晰流畅。活舌操一共七节，每一节做七遍，舌头卷得越紧越好，要能够到喉咙。

1. 第一节

嘴微开，舌尖抵上齿背沿上腭向后勾。这节不难理解，重要的是后边经常练。

2. 第二节

舌尖抵下齿背，舌面拱起沿上齿往外突，同时，用上齿轻叩舌面。这是给它一个柔韧性的训练。

3. 第三节

双唇紧闭，舌尖顶左腮右腮，由慢到快。这节可让面部表情活跃。有一次我带领学员在一个课堂上静静地练，突然听到扑哧一声，助教一巡视，一个女生在练习过后就有酒窝了。所以，以后要想让自己的面部表情更好看，经常活动活动。

4. 第四节

舌头沿上下齿外围转圈，顺时针转几圈，再逆时针转几圈。这节就是用舌面置于唇齿之间，用舌面去刷牙，转了几圈，唾液分泌很旺盛。唾液是好东西，有一个词叫生津止渴，唾液有一种溶菌酶，可以帮助消化，阻止了很多细菌。

5. 第五节

将舌头伸出嘴外，舌尖向上卷，目标是够鼻尖。伸出舌头够鼻尖，大多数人都够不着，但是要大胆练，有一个女生就够着了。经常练，柔韧性就特别好。

6. 第六节

嘴张开，让舌头做伸缩运动，作弹舌状。就像动物世界中的某些青蛙、变色龙，或是蜥蜴。想象酷热难耐的时候，一棵树下有一条狗，热得够呛，弹舌，把脖子上的筋都勒得可以伸缩。这叫狗喘气，对锻炼气息特别有意义，大家可以去观察一下。总之，经常这么练很有意义，可以看到胸腹之间、上下气息在联动。港台一些明星、演员经常到教练室练习，一进去教练掐秒表开始，他们练不了几个就躺地上了，就要站起来重新练。今天练10个，明天20个，后天30个，哪天练到100个，能做到100个的时候，气息就真的不成问题了。

7. 第七节

嘴半张,伸出舌头做水平横向运动,使两边舌缘分别触到两边嘴角。

可以想象,如果我们把口腔打理得特别到位,长练活舌操,口气会清新。长练活舌操,对促进表达有大作用。

中央戏剧学院有学生在练活舌操的时候,早上打一盆清水,往小矮凳上一搁,解开衣领扣子,吐出舌头搅这盆水,开始一天的练功。从物理上来讲,舌头得到了很好的锻炼;从心理上来讲,在众目睽睽之下,面不改色坚持练习,也突破了自己。记住,认真练肯定会有成绩,绝对会有成效。认真就是美丽的,敬业就是美丽的,干什么就像干什么的样子,干什么就是干什么的,干则全力以赴,就让它有效果。常练活舌操,极有意义。

七、举手之劳好方法

1. 做广播体操

我天天讲课,一天最少6个小时,上午3个小时,

PART
08

八面来风神飞扬：
魅力绽放

下午3个小时，需要一定的体力，还特别费心力。如果没有一个良好的状态，不可能做到这点。我经常做广播体操，无论走到哪里，在没事的情况下，自己喊口令，做广播体操。现在开始做第八套广播体操，原地踏步走。第一节：伸展运动，预备，一二三四五六七八，做得很标准。你去做一遍第八套广播体操，整个做完也就5分钟，但你的身体得到了锻炼，身体的协调性、柔韧性就要好得多。现在网上学习非常方便，下载一套广播体操，跟它学，然后自己经常做一做。

　　如果老板在自己的公司、领导在单位推广一下广播体操制度，单位的精神气貌都会不一样。现在有些单位也经常做，升旗以后做广播体操，但是他们都糊弄，做得不到位，那样不起作用。一定要标准、到位才起作用。其实，健康并不难，找一两个适合自己的项目，坚持去做，就会有效果。不要觉得买个价值几千块钱的健身卡就能带来健康，健身房是不透气的地方，远不如在户外自己活动活动。

2. 狗喘气

常练前面提到的狗喘气也可以起到清新口气的作用。

八、让你的演讲兴奋起来

演讲说到底是思想的共鸣、情绪的感染。演讲中最能赢得听众情感共鸣的是你思想的火花。所以在演讲中要不断地设置一些"兴奋点",所谓兴奋点,是指散落在演讲稿中那些富有激情,容易对听众产生较强刺激或引起其高度重视、能产生强烈共鸣的词句。在演讲稿中设置兴奋点,不但能有效地引发演讲者的深入联想,增强演讲者的自信心,使演讲更加生动感人,而且还会让听众时刻跟着演讲者的思维运转。这样,台上台下就会同呼吸、共悲欢,形成讲与听的整体效应。

正常的一篇演讲稿,开台、主体、结尾都要有"兴奋点",同时还要争取在主体部分比较长的情况下,能够每隔两三分钟设置一个"兴奋点",让整个演讲流程

PART 08 八面来风神飞扬:魅力绽放

起伏有度、有张有弛、收放自如,这样的演讲水平就会很高了。那么,如何设置演讲的"兴奋点"?

1. 酝酿浓厚情感,留出掌声空间

掌声能够活跃会场气氛,给演讲者以感情回报,使之心情更加愉快,思维更加敏捷,还能够陶冶听众,使之更加认真投入。掌声的调剂会使演讲产生强烈的现场感染力。因此演讲时应该有意识地给掌声留出一定的空间。这就需要演讲者主动运用那些带有浓厚感情色彩、充满激情的语言,和那些立场鲜明、见解独到、能够给听众以深刻启迪的语言以及那些热情歌颂真善美、无情鞭挞假恶丑的语言。这些语言能让听众受到激励、鼓舞和启发,从而自发地鼓掌。

2. 运用名人佳句,满足听众心理

所有能够引起听众兴趣和热切关注的事例、名言、佳句和精辟独到的见解都属于兴奋点的范畴。

在演讲中,按照演讲内容需要,有计划、有目的地选取一些兴奋语言,绵延不断地"埋设"在演讲中,让它像星星一样闪烁,放射出睿智的光芒。如此一来会拉近演讲者和听众的心理距离,满足听众的心理需要,但这也要讲求顺理成章、水到渠成,千万不能不顾对象,故弄玄虚。

美国前总统杜鲁门在日本投降时发表的广播演说中,首先把人们的注意力集中到了日本签署无条件投降的美军军舰密苏里号上,接着又回顾了四年前的珍珠港事件,让所有美国人的心都为之动容。在缅怀亲人的同时,阐明这是自由对暴政的胜利,并认定"胜利后的明天将是全世界和平与繁荣的希望"。整篇演讲起伏有致,既肯定了民族的精神与意志,又让人民对明天充满了必胜的信心。

3.敢于打破定式,善于标新立异

人都有好奇心,满足人们的好奇心和求知欲本身就具有兴奋作用。打破常规,标新立异是设置兴奋点的好方法。为了使演讲能够吸引听众,在尊重文化传统和思维习惯的基础上,要对演讲进行必要的创新,打破思维定式,要敢于创造,善于借鉴,造清新之气,树时代新风。

4. 加大抑扬顿挫，提高刺激强度

从生理学角度讲，在额定域值内，人的感官接收外来刺激的强度越大，神经兴奋的程度就越高。心理学研究表明，人们最容易记住对自己有重大影响的、对自己有利的、自己主观愿意记住的或给予自己重大刺激的信息。听众对演讲的反应强弱，或者说演讲对听众兴奋程度的影响，一定程度上取决于演讲语言的强度。演讲语言的强度主要取决于演讲者对演讲内容的熟悉程度、对事物的感悟程度、对问题分析的透彻程度和现实立场的鲜明程度。演讲者要尽最大努力把问题讲得透彻，准确，鲜明，始终给听众一种压力感和责任感。在演讲中，声音忽高忽低，节奏忽快忽慢、抑扬顿挫，这样演讲效果会出奇的好。一般在声音由低到高、由慢到快的过程中，会引起强烈的冲击力，让听众产生共鸣。

5. 运用各种"语言炸弹"，让你的演讲威力四射

"语言炸弹"是我创造的一个词语，是指在演讲中能够吸引听众、引起共鸣的绝妙好词，一般"语

言炸弹"是采用各种各样的修辞手法制造出来的强烈"听觉效果",比如对比、排比、比喻、拟人、顶真,等等。

比如泰戈尔在清华大学的一次演讲,开头便说:

> 我的年轻的朋友,我眼看着你们年轻的面目,闪亮着聪明与诚恳的志趣,但是我们的中间却是隔着年岁的距离。我已经到了黄昏的海边;你们远远地站在那日出的家乡。

这是运用对比的形象化语言,这些相对陌生而又清新雅致的诗句从诗人的口中缓缓流出,哪一个听众能不为之动情动容,继而为他的妙语连珠所吸引?他由此所展开的保持纯净灵魂和自由精神的演讲自然就异常深入人心。

一篇演讲,如果无法让听众和你产生共鸣,那是僵死的演讲;一篇演讲,如果无法感化你的听众,那是枯燥的说教;一篇演讲,如果从头到尾没有一点掌声,那是没有任何互动的念经!

PART 08

八面来风神飞扬：魅力绽放

真正的演讲，是情绪的沟通——全身心地投入进去，用你的生命去演讲，用你的心灵去感化你的听众，让听众能够触摸到你的心跳，让听众去感受到你的笑容和眼泪，让你和你的听众融为一体！这样你才能用你的生命点燃别人的生命，让魅力在激情中绽放！

PART

09

九点体会是方向:
有章可循

高情商职场口才课:
魅力口才,张口就来

一、如何开头

在讲话的时候如何开头?给大家一个办法,叫百花齐放,因人制宜。不同的地方,不同的开场,对不同的人说不同的话。不断地在各种场合锻炼自己。

1. 老年伙伴

有一次,有一个企业推销自己的一些保健产品,我应邀出席。会上他们的主持人宣布,由某某先生上台讲话。主持人一宣布,应该马上上台接棒,但是我没有立即上去,所有的人都期待着嘉宾。其实我早到了,我还别着胸麦,但我依然在座位上坐着。过了一会儿,我在位子上坐着,开始说话了:"在座的各位老年朋友,我在这里给大家说上一段话,作为今天讲座的开场白,嘉宾没来。"声音哪里来,而且又说的是跟场面一致的话,他们就到处寻声源。我缓缓地从我的座位上站起来,往台上走。

我接着说:"在座的朋友,送大家一首小诗,作为今天的见面礼。叫七十不算老,八十年尚小,活到一百岁,正是风光好。"我说到这儿的时候已经在台上

PART 09 九点体会是方向：有章可循

了。然后深深地给大家鞠一躬,"祝愿在场所有的叔叔阿姨、兄弟姐妹都能够健健康康地活到一百岁。我今天的话题是……"我正要往下讲,结果他们说:"李老师,说慢点,我们记下来,重复刚才那几句话,回去老父亲过生日,岳父母过生日,公公婆婆过生日,都可以用它。"大家都把那句话记下来,这就是把一个好东西变成自己的东西。

"七十不算老,八十年尚小,活到一百岁,正是风光好。"你去给别人祝福生日,包括同事的父亲过生日,你给老爷子祝贺一下,都可以用上这句话。如果你去不了,你可以写个纸条,让同事把这个交给老爷子。上面写着:"大叔好,我是小李,今天是您七十岁寿辰,我应该到场祝贺的,但是我今天值班,所以我在这里送您一首小诗,向您表示祝福。七十不算老,八十年尚小,活到一百岁,正是风光好。祝福您老人家生日快乐。"老爷子会觉得:我儿子的人缘太好了,这同事多有水平。美好的东西可以感染别人。

所以,你给你的老父母过生日的时候,除了给他礼物以外,再写上这样一个字条,就会不一样。

2. 国际饭店

有一次在国际饭店搞一个活动,主持人于先生让我上台讲话。我当时在电视台做编导的工作。然后我说:"各位好,我是搞导演工作的,搞过很多作品。"这话说出去,产生什么效果,马上就有体会。像这样一个讲话,底下都不买账,心想难道你比张艺谋还厉害?第二句话是:"回想自己十多年的导演经历,搞过很多作品,但是没有一部可以说得出来,能给大家留下印象的……"他们听了这话,又感觉这个导演还行,这个人还行。接下来第三句:"因此总结自己的导演工作,充其量也就是个三流导演,一流是够不上的。"又幽默了一番,大家就觉得此人很有趣。

3. 下岗工人

有一次,我给下岗工人讲课。工会主席站在台上隆重介绍请来的嘉宾。我站在舞台侧幕,看主席在台上说:"各位,静一静,静一静。"他越声嘶力竭,底下吵得越热闹。大家都下岗了、没饭吃了。我在侧幕看到这个场面,立即走上台去,到台上我就跟工会主席

PART 09 九点体会是方向：有章可循

耳语，说："您可以下去了。"他一步三回头地看着我，很不放心地走了。底下的人看到一个不认识的人在台上，而且态势语言很丰富，表情也很丰富，讲得也很有节奏感，这时候就觉得那谁呀，开始哇哇地说话，分贝很高，接着就慢慢静下来了。最后，整个会场静得连掉一根针都能听得见，因为大家都有好奇心理。

我声音很圆润地说："在座的各位好，我今年也40多岁，我的哥哥姐姐也下岗了，各位永远记住，下岗了，没饭吃了，你也许觉得都活了半辈子了，但今天却没饭吃了，心里很不舒服。那我告诉你，下岗了，我们自己真的来考虑一下，面对实际问题，永远记住：党是我们的党，政府是我们的政府，它是为我们解决问题的，今天之所以开这样一个会，就是要解决在座的各位朋友的问题。一个小时之后，如果还没有解决你们的问题，我们再讨论不迟，好吗？各位，有请工会主席。"

话一落下，台下静悄悄的，大家全神贯注地看着我。所以，说话办事站到对方立场上，就会有效果。这是一个开场，开场要百花齐放，因人制宜。

4. 盲人买剪

有一次我在中关村数码大厦做演讲,下午1点钟开课,听众很容易瞌睡,所以我一上来就带大家玩。我让底下的人猜谜。说有一个哑巴来到一个商店买钉子,他进去之后,左手比钉子,右手比锤子,售货员明白了,递给他一盒钉子,那人付了钱就走人。接着进来一个盲人,他要买一把剪刀,那么,他是怎么比画的呢?

答案是:直接说买剪刀,就有人给递到手上。有的人想都没想,就比了个大剪子的动作。旁边的人乐了,大声说直接说就行了。

总之,不同的人有不同的开场,到什么山头唱什么歌,见什么人说什么话,百花齐放,因人制宜。

二、如何结尾

结尾的办法可长可短,力避拖沓。从小学习写作文,有个方法叫凤头、猪肚、豹尾。凤头是小而美,引人入胜;猪肚指内容要充实,要浩荡;豹尾就是该结束的时候干脆利索,像豹子尾巴一样,干脆有力,言已尽而意未穷。

我有一本书叫《走向成功》,2002年出版,内容是我的演讲词集。结尾是一副对联,上联是:心态好,事业成,不成也成。下联是:心态坏,事业败,不败也败。横批:成败在你。

一个好的结尾让人感觉韵味无穷。无论到哪去说话办事时,结束的感觉特别重要。总结好,一下点题,高度凝练。人过的就是一种心态,就是一个精神面貌。精神面貌好,即使穿得衣衫褴褛,走在长安街上,别人一看见,都以为是在体验生活;穿着皮尔卡丹,却目光呆滞,两眼无神,东瞅西晃,别人还以为西服是偷来的。天有三宝,日、月、星;人有三宝,精、气、神。精气神很重要,一个人要打起精神做人,开开心心做事。

三、如何写稿

今天很多人都在电脑上工作,很少动笔去写东西,但是建议各位真的去写东西时,要拿本子写一写,写一些感悟,每天记一点东西。比如看到什么事,有什么感悟，写一写。经常练练笔，笔头不生疏，脑子常清醒，重要的是用的时候就可以手到擒来，文思泉涌。写东西时要盘点自身、列表取舍。

比如，写东西时，把自己的所经所历、所知所闻，记录下来，从自己身边的事、身边的人入手，就有话说，思维就不枯竭。书的基本架构叫柜子理论。咱们家的柜子是五斗橱，五个抽屉。柜子叫走向成功，上面有五个抽屉，分别是微笑、热情、激情、才情、人情。明显摆在这，怎么写这个稿子？要盘点自身，根据自己的经历来写。

记住，讲道理不如讲故事，但讲故事不一定要讲伟人的故事，讲伟人的故事不如讲身边人的故事，讲身边人的故事不如讲自己的故事。现身说法，可能对别人更有影响。我经常写自己的那些感受。

比如写《走向成功》这本书，创作之前我细细盘点了自身的经历。我的大致经历是这样的：农村青年，高中毕业以后当兵，然后再上学，然后在北京工作，后来转业之后当记者，再后来搞文化公司，再后来在大学教语言。我把这些经历分开来，分为故乡阶段、从军生涯、转业以后几个阶段。每个阶段列举几个记忆深刻的故事,代表着回首来时路。对照这个单子,再看看那个柜子,哪些故事可以塞到微笑抽屉,哪些可以放到热情抽屉里,哪些可以算激情,依此类推,体现这些内容。最后把单子扔掉,等关上抽屉时,形成一个完整的印象。再打开抽屉时,看看每个抽屉里头有多少故事,再彻底写出来。哪怕平常老讲的故事,也给它写出来,形成文字,不断地丰富它。等到都塞满以后,再加上前言后语,就是一本非常棒的书。

四、如何提高文采

在生活当中,对感兴趣的文章或歌曲等,要多多去感受它,转化成自己的东西,处处留心,咀嚼背诵。比如我在长沙五一广场溜达的时候,发现有句话,叫"立即提升整个城市的质量",看到这句话,我立即觉得长沙人了不得,这叫雄心壮志。我相信长沙的明天不是梦,一定会越来越美好。

到哪里去都要鲜活一点,跟任何人都能打成一片,特别重要。处处留心,看到好东西,装进自己脑袋里。学习从身边做起，比如倡导科学发展观，科学发展观到底是什么？作为一个生活在当今社会的人，一定要对主旋律的东西有所印象，再比如，人类命运共同体是什么，要记住。要背会它很容易，只要我们平常多留心。

不管你干什么行业，行业有什么规范，除了把主要的东西背会，把自己的工作做好，还要纳入一个大的旗帜之下，随国家的脉搏一块儿律动，这样你就可以成为大公民，有大感觉。比如公民道德规范、主旋律的东西，都要记在心里。

《桂林山水歌》《再别康桥》《微笑》，见啥说啥、编号记忆，见到什么就去锻炼什么，这一点特重要。我在外边，经常有人让我帮忙分析他们的朗诵水平，我往往会先让他们朗诵一段，如果他的词我根本就没有印象，我也不懂，要我给他指导的话，我都不会那个词，那多难过。如果我再问你的第一句是什么来着，那就没意思了，缺少情感！

所以，要经常往脑袋里装东西，用的时候就可以信手拈来，立即输出，进入角色，就可以提高文采。比

PART 09 九点体会是方向：有章可循

如人家说《海燕》如何，你张口就来，立刻跟人打成一片。只有不断往脑袋里装东西，一篇一篇记住，才可以提高文采。当然，前提是你必须读一些有文采的东西，去体会一些感觉。

前面我们谈道："团队"是"口才"（口、才）、"耳朵"（阝）和"人"（人），有口才的人给一帮人讲话，叫带动团队。这是一个认识。再比如"和谐"，"和"是"禾"和"口"，这叫人人有饭吃；"谐"是"言"和"皆"，人人敢说话，人人善于说话，会说话，这叫和谐。人一辈子很难，有三个字把人生总结得特别好，第一个字叫卡，就是上下，这个字代表一个人要能上能下。第二个字叫斌，能文能武。第三个字是尖，可小可大。这三个字，让我们大有体会，一个人能大能小、能上能下、能文能武，一辈子就能屈能伸。

一个人有两把刷子，那你就跟一般人不一样。所以，有时候要开动脑筋，做一个有创意的人，平常自己要根据自己的想法，去赋予事物意义。就像中央音乐学院的副院长周海红教授说的：关于音乐，你听到什么它里头就有什么。比如雷声，你听到了，你可以觉得是在打鼓欢庆,你也可以理解为老天爷急了,还可以想象为二战时的炮声隆隆。你在音乐声中听到什么它就是什么,这叫音乐欣赏。音乐理解何须正确,音乐欣赏何须懂,高山流水,哪是高山,哪是流水,听到哪就是哪。一个音乐作品播放出来,你听到后加上你的理解,你就赋予了它新的东西,这才使一个作品具有了生命。读东西也是一样,大大方方地去理解它、感受它,让它变成你的东西。

学习是一辈子的事,当今社会的大学生本科毕业以后,不必非要马上读研读博,找份工作在社会上摸爬滚打,有了一些经历以后,再确定方向去读研、去钻研学术。学校永远打开校门,社会大学也向我们敞开,哪里都是课堂。以后只要你修完北大、清华的学分,你就是它的学生。张瑞敏多少年前用人就采取一个原则:赛马不相马。企业问题摆在这里,博士、硕士、大学生排队,谁能解决问题,谁就是他的人才。在深圳,有可能一个钳工比一个博士后拿的工资还要多,今天的社会越来越现实,凭能力挣工资。在某一方面修炼到位,就能一招鲜吃遍天。

所以，一定要不断地去吸收一些好的东西，背诵更是这样，反复背诵，就背会了。记忆有规律，刚开始记住一个东西需要一周，接下来两周之后再复习一遍，再后来就形成长期记忆了。有一个老太太，80岁了，还能把《长恨歌》倒背如流，就这一招，足以让她浪漫一辈子。把一个东西吃准，一辈子都是你的。

五、如何消除恐惧

1. 充分准备、从容面对

干任何事情，都要充分准备才能确保成功。不准备或准备不足一定是要打败仗的。不准备也是一种准备，那就是为失败做好了最好的准备。充分准备，才能从容面对。

以后出席一些场合，让你到台上讲话，如果你想消除紧张，最好的一个办法就是做足准备，没有任何捷径可走。

2. 做深呼吸

做深呼吸,如果你准备了,但是还紧张,那是因为缺少锻炼,不妨做做深呼吸,吸、憋、呼,一会儿就不紧张了。比如张三在谈话,十分钟以后轮到你上台,这时候你在后台做准备,你看着窗户外边那棵柳树,你来做深呼吸,吸满了气以后憋住,然后吐得远远的,压力顿时减轻了很多。做几遍以后压力顿时消除。

3. 短交流

当然也可以跟其他人做短暂的交流。比如在一个会场里,开会之前大家都在交谈,如果你听到家乡话,就可以过去跟人攀谈。比如听那边讲四川话,你就走近他。一听湖南人说话,你就说你是长沙的。一听陕西的,你说我是西安的,我请你吃臊子面。再听那边京腔、京韵,说:"大妈,您是北京的?认识您很高兴,待会我讲课,谢谢您。"一下就觉得你也是北京的。一看那边穿军裤,你就与他交谈:"您是部队的?我是转业的,认识您很高兴。"马上就是战友。等到主持人宣布下面有请某某先生做报告时,你往台上一站,刚才打过招呼的人，你冲他笑，他也会对你笑；你对他打招呼，他也对你打招呼。哪个角度都有你的人，这就是短交流的作用。

4. 遇紧张说出来、置之死地而后生

遇到紧张说出来，比如确实紧张，忘了词，别硬撑，大胆说出来："对不起，我昨天一晚上没睡，我觉得我准备得还是很好的，但今天见到大家这么多人，站在聚光灯下，我有点紧张，各位，我申请大会主席让我往后顺延几个好吗？谢谢！真的不好意思耽误大家，非常抱歉，来，有请下一位。"同样是一种很好的感觉。

实在讲不下去了，那就是准备不够，仍然还是要靠背后下功夫才可以说的。"要想人前显贵，必须背后受罪。"沈阳有一句话叫"要想长多大脸，先现多大眼"。"台上一分钟，台下十年功。"干什么都要下功夫，要置之死地而后生。

六、如何面对质疑

1. 据理力争，先礼后兵

面对置疑要据理力争、先礼后兵。做什么一定要有定力。比如我是讲课的，我经常在外边演讲，如果要征求意见，问大家这堂课好不好，大家一定是各有各的想法，每个人都提意见。如果谁提意见，就立即改，那就完全失去了自我，就没有自己了。因此，在一个时间里，可以允许不完善，但要用发展的眼光去看，保证自己不断进步才可以。

2. 坚信自己

管理学、销售学上有一个原理叫短板理论，大家纷纷在补自己的短板，但是与其立即改正，不如扬长避短。发现优点去扬长比避短更重要，盘点一下哪些是自己的核心竞争力，要比改正重要得多。一个人无论地位再卑微，也一定有一方面比别人擅长。因此，聚焦自己的优点，把这一点发挥到最好，形成特长，哪怕这一点很窄，你在这方面比谁都强，这就是你的

口才训练有章可循

遇有紧张说出来，比如确实紧张，忘了词，别硬撑，大胆说出来。

聚焦自己的优点，把这一点发挥到最好，形成特长，哪怕这一点很窄，你在这方面也比谁都强，这就是你的市场。

大大方方地介绍自己，就是广而告之。好酒也怕巷子深，今天走到哪里，都要主动向对方递上橄榄枝。

市场。

原来有一句话叫"三百六十行,行行出状元"。随着社会的分工,3600行都会有。一个小区里就有专门做饺子皮的人、蒸包子的人,还有做馄饨的人,也有专门蒸馒头的人,门类繁多。但是不管你做什么,把你现在的本职工作做好,不要好高骛远,把眼前的事做好,你就永远处于不败之地。

3. 坚定立场

你准备得再足,也会有人给你提出这样或那样的问题,但是要有立场。尊重在先、坚信自己、不断完善,这叫循序渐进。一个人要有立场,不能失去自我。

七、如何展现自信

1. 练就金刚钻,应对百样活

自信太重要了,有自信才会有他信、有众信、有公信。有公信力就会有好的发展,不断地培养自信,就是练就金刚钻,应对百样活。

PART 09 第九章 有体会是方向:有章可循

从现在开始一定要有方向感,你这辈子到底在干什么,每前进一步,都离终极目标近了一步,而不是天天调整方向,50岁了还没找准自己要干什么,那就绝对没有前途。

2. 喻怀素、比曲啸,是鼓励乃客观

有一天,有一个地方让我题字,我也不含糊,拿起毛笔,大笔一挥,我从来没写过这么好的字。旁观的人中有个有学问的人,说我这个字有怀素狂草的味道,当时我也不知道怀素是谁,但是我知道这是表扬。回到北京以后,我查《辞海》,才知道怀素是唐代书法家,他为了练字,广种芭蕉,然后在芭蕉叶子上练,练完了就扔房顶上,因此他居住的地方叫绿天庵。我就把《辞海》介绍怀素的这段话记到我的本子上了,还写上了"据说毛泽东主席学习过怀素的字",我底下写:"毛习怀,怀习张(怀素学习张旭的),顺习毛,皆有所发展。"人就是要有这种感觉,经常学会赞美自己,不断地进步,不断地肯定,才会有更好的前途。

人家给我写过一段非常棒的话,我在底下写了:喻怀素、比曲啸,是鼓励乃客观。就觉得对我说的这些话都是说我的,是真的。我相信把任何夸奖自己、恭维自己的话都当作营养来鼓励自己,不断培养自己的自信,自己跟自己比,每天进步一点点。

八、如何学好普通话

我的普通话是一级甲等,最高级别,国家语委测试98分的成绩,这成绩是我不断锻炼得来的。女朋友跟我谈恋爱半年后,她发现我的桌子上有一封来信,上面写着李真顺。她问我是谁的信,我说是我的。她问:"你改名了?"我说没有。"你叫李真顺?"我说是叫李真顺。那时候我们老家话z、c、s跟zh、ch、sh不分,我跟她谈恋爱的时候连自己的名字都叫不准,所以她一直不知道我叫李真顺。

但是我今天可以在中国各个地方讲语言,因为我确实下了很大的功夫。学普通话就是要找准症结,逐渐提高。提高普通话不是一朝一夕的事,要勤学苦练,不下苦功夫不行，尤其是有口音的朋友。

九、如何推销自己

在今天这个社会，走到哪里一定要大大方方地做自我介绍，告诉大家：我是做什么工作的，如果您有这方面需求请与我联系，希望能跟您合作。万事开头难，做任何事情一旦钻进去，就如芝麻开花般，首战告捷，神武倍增。

做什么事情都要投入，认真准备才会有更好的效果。大大方方地介绍自己，就是广而告之。好酒也怕巷子深，今天走到哪里，都要主动向对方递上橄榄枝，到任何地方往那一站，说："您好，我是×××，来自××集团，认识您很高兴，如果您有这方面的需求请跟我联系，打扰您了，再见。"要懂得推销自己，才能在这个社会上生存。

后记

> 一心一意练口才,
> 两条金律记心怀;
> 三大环节强有力,
> 四种思路莫忘记;
> 五项修炼身心灵,
> 六套法则益无穷;
> 七个步骤出华章,
> 八面来风神飞扬;
> 九点体会是方向!

这就是本书的全部内容。希望你能通过学习,达到心里有数了,自信了,不再恐惧了,思路清了,表达顺了,态势语帅了,更能走进人心了。你的口才将会实现质的飞跃。

最后,我总结了十六条演讲经验,分享给大家,让我们共勉。

后记
Epilogue

1. 演讲的前一晚必须睡眠充足,使喉咙获得良好的休息。

2. 穿着合宜得体的服装。

3. 在演讲前,如果有机会与听众打成一片,应该把握住,与听众握握手,对他们微笑,或打个招呼。

4. 心理上、情绪上、精神上保持放松,预先假设可能发生的事,但不要被它困扰。

5. 在讲台上,要轻松自在地站好。

6. 最应该注意的当然是演讲的内容。在做引言时,应先将重点主题陈述出来,然后在文中,将主题一一剖析,并且赋予新的观点。试着多讲一些辞藻丰富的话。可能的话,最好添加一些幽默的字眼(千万不能使听众觉得无聊)。注意强调重点,戏剧性地把它们说出来,随后降低声音,再安静下来。

7. 准备周全的题材,并且做充分的准备和练习。

8. 演讲前不要进食。乳制品尤其应禁止,因为它可能会使你的喉咙充满黏液。

9. 演讲前对自己说:"你很棒!"

10. 上台前做几次张大嘴巴的动作,当然,大笑也可以，这样你的下腭会变得柔韧舒服。

11.要开始说话时，保持微笑环视所有听众，然后做一次深呼吸。

12.头几句要说得轻松一点，引领听众不由得发笑。

13.在听众人群中找一两张快乐友善的脸，经常望望他们，这会令你觉得自己被重视。

14.仔细听一听麦克风传来的自己的声音，以确定自己的嘴巴是应该靠麦克风近一点，还是远一些。

15.多用一些肢体语言，借此帮助你吸引听众的注意。

16.手边放一杯冰水，喉咙干燥时就喝一口。